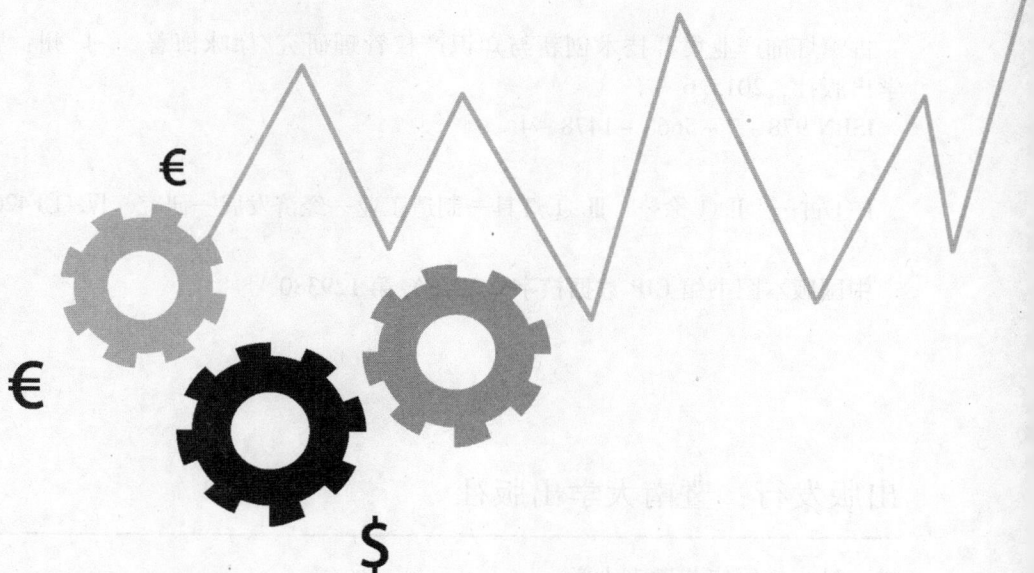

古镇灯饰
产业集群技术创新与知识产权管理研究

Research on Technological Innovation and Intellectual
Property Management in Guzhen Lighting Industrial Cluster

徐咏梅 ◎ 著

暨南大学出版社
JINAN UNIVERSITY PRESS

中国·广州

图书在版编目（CIP）数据

古镇灯饰产业集群技术创新与知识产权管理研究/徐咏梅著 . —广州：暨南大学出版社，2015.6
ISBN 978 - 7 - 5668 - 1478 - 4

I. ①古… II. ①徐… III. ①灯具—制造工业—经济发展—研究 IV. ①F426.89

中国版本图书馆 CIP 数据核字（2015）第 129380 号

出版发行：暨南大学出版社

地	址：	中国广州暨南大学
电	话：	总编室（8620）85221601
		营销部（8620）85225284　85228291　85228292（邮购）
传	真：	（8620）85221583（办公室）　85223774（营销部）
邮	编：	510630
网	址：	http://www.jnupress.com　http://press.jnu.edu.cn
排	版：	广州市天河星辰文化发展部照排中心
印	刷：	佛山市浩文彩色印刷有限公司
开	本：	787mm×1092mm　1/16
印	张：	10.25
字	数：	201 千
版	次：	2015 年 6 月第 1 版
印	次：	2015 年 6 月第 1 次
定	价：	28.00 元

（暨大版图书如有印装质量问题，请与出版社总编室联系调换）

前　言

近 20 年来，由于产业集群在带动地方经济增长、促进区域经济快速发展方面作用突出，因而受到学术界的广泛关注，成为研究热点。目前，世界经济正由传统的工业经济向现代的知识经济和网络经济转换，生产要素低成本作为产业集群的主要竞争优势正在逐渐丧失，取而代之的是技术创新正在成为产业集群核心竞争力的关键因素。技术创新已被认为是产业集群获得竞争力和持续发展的根本动力和源泉。技术创新及其扩散与知识产权保护之间存在着密不可分的内在联系。

20 世纪 90 年代以来，广东专业镇经济的发展壮大成为广东经济发展的一个突出亮点。在珠三角腹地和东西两翼部分地区出现了大批经济规模超过十亿、几十亿甚至几百亿元的经济体。这种经济体是一种产业相对集中、产供销一体化的新型经济形态，它们大致以镇级为单位，产业类别表现出镇际差异性，即所谓的"一镇一品"。广东称之为专业镇经济，属于经济学界所谓的"块状经济"或"集群经济"的范畴。其最显著的特征是：小企业、大产业，小产品、大市场。古镇灯饰产业集群就是广东众多专业镇经济的一个突出代表。对专业镇经济形态的深入研究，有助于总结、积累地方经济增长的实践经验和探索区域经济发展的有效路径，有助于了解和揭示产业集群产生、成长和发展的规律，具有一定的实践意义和理论价值。

本书以古镇灯饰产业集群这一个案为立足点，结合灯饰产业的特点，从集群的维度探讨企业创新与集群创新的动力因素及其关联性，通过访谈和问卷调查获得实际样本数据，并借助结构方程建模（SEM）方法对数据进行分析，定量地研究了这一问题，获得了一些新的发现。本书还基于知识产权管理的视角，将知识产权保护与技术创新动力联系起来，探讨了二者之间的互动机制，并在企业和集群的层面探讨了如何建立有效的知识产权管理系统和保护平台，以期为企业的技术创新和集群的升级提供参考。

本书付梓之际，要特别感谢杨建梅教授在课题研究中给予的巨大帮助，杨建梅教授多次参加课题的调研和讨论，在选题、构思和思想方面都给了我很多启发；感谢张帆副教授在文献整理、数据分析和文档编辑等方面提供的技术支持；

感谢为我的调研和数据采集提供大力帮助的中山市古镇华艺灯饰照明股份有限公司区广耀执行董事，中山市琪朗灯饰厂有限公司魏荣余总监，中山市古镇镇的黄志桐主任、区杰强主任，中山照明电器行业协会和古镇商会的区德成秘书长，以及接受访谈和填写问卷的企业人士，正是他们的大力支持和帮助，让我获得了大量翔实的材料和丰富的数据。还要感谢暨南大学出版社，特别是徐义雄社长、黄圣英副社长和冯琳编辑，他们为本书的出版给予热情支持，并做了大量仔细的工作，他们的敬业精神让我十分感动！

由于水平有限，书中若有疏漏和不足之处，恳请同行和读者不吝赐教！

徐咏梅

2015 年 3 月

目录
CONTENTS

第 1 章

绪　论

本章阐述了研究的选题背景和研究问题，阐明了研究的目的与意义，并在此基础上提出了研究思路和研究方法，确定了研究内容与结构框架，最后对研究的创新点进行了归纳。

1.1　研究背景与问题的提出

近20年来，产业集群作为一种新的经济组织形式，在带动地方经济增长、促进区域经济快速发展方面作用突出、成效显著，因而受到学术界、企业界以及地方政府的广泛关注和高度重视。这种新的经济组织形式利用区域资源优势和集聚效应，实现了经济组织的规模经济与范围经济①，已经成为区域经济增长的主要推动力。以中国经济最为活跃的省份之一广东为例，全国的产业集群约有20%集中在广东，近30年来，广东年均地区生产总值、增长速度高于全国4.1个百分点②，其中产业集群的支撑是广东经济高速发展的重要原因。但是，并非所有的产业集群都是成功的，也有一些产业集群出现了衰退，并对区域经济发展产生负面影响，如美国的匹兹堡（Pittsburgh）钢铁产业集群、底特律（Detroit）汽车产业集群、明尼苏达州（Minnesota）128公路电子产业集群，英国的兰开夏（Lancashire）棉纺织集群、威尔士斯旺西（Swansea）铜冶炼业集群以及瑞士的侏罗（Jura）手表制造业集群等都最终走向衰落。③ 国内的产业集群也出现了类似的问题。④ 萨尔（Sull，2001）和萨克尼安（Saxenian，1994）分别从社区惯性

---

① 鲁雁. 基于生态理论的产业集群演化及其生态特征［J］. 求索，2011（2）：21~23.

② 叶健. 应对成本上升产业集群升级迫在眉睫［N］. 中国高新技术产业导报，2008-11-3（3）.

③ Sull N. Donald. From Community of Innovation to Community of Inertia：The Rise and Fall of the U. S. Tire Industry［J］. *Academy of Management Proceedings*. BPS：L1 – L6，2001. Saxenian A. *Regional Advantage：Culture and Competition in Silicon Valley and Route 128*［M］. Cambridge：Harvard University Press，1994.

④ 蔡宁，王发明. 中关村高新技术产业组织死亡率分析［J］. 统计研究，2006（4）：39~44.

和区域文化的角度对集群的衰退作了分析①，波特（Porter）基于其钻石模型理论对产业集群衰退的原因进行了解释②，达鲁姆（Bent Dalum，2002）等提出了技术生命周期的概念及其对集群衰退的影响③，蔡宁和王发明则分析了集群组织的年龄、密度和规模等因素在集群演化中的作用④。导致集群衰退的原因究竟还有哪些？集群如何才能获得持续的竞争能力从而避免衰退？这些都是亟待探讨的问题。目前，随着经济全球化的继续深入和区域竞争的不断加剧，我国地方产业集群普遍面临着转型升级和提高持续竞争能力的问题。

创新，被认为是产业集群获得竞争力和持续发展的根本动力与源泉。⑤ 集群创新包括集群内企业的技术创新和管理创新以及集群整体运营管理模式的创新，其中企业的技术创新是集群创新的基础和根本。改革开放以来，由于承接先进工业国家制造业的产业转移和利用我国劳动力及土地等资源的低成本优势，我国地方产业集群经历了一个从无到有、从少到多、从小到大的发展过程，在带动地方经济增长、促进区域经济快速发展方面起到了巨大的作用。但是，与国外先进的制造业产业集群相比，我国的地方产业集群技术水平普遍不高，创新能力普遍不强，大多处于全球产业价值链的低端，缺乏持续的竞争能力。集群中真正依靠自主创新而发展的企业不多，大多数企业特别是中小企业在产品技术上一般多采取简单模仿的跟随策略。⑥ 据 2013 年国家统计局的有关统计，2012 年，全国开展技术研发活动的工业企业有 47 204 家，仅占规模以上工业企业（年主营业务收入在 500 万元以上的法人工业企业）的 13.7%。而从产业集群的构成来看，集群中除了少数几个大企业之外，绝大多数都是中小企业，而我国的产业集群，又基本都是中小企业集群。可见，目前我国产业集群中自主创新企业所占比例很小。从我们对集群的调研中得知，集群企业间技术的简单模仿甚至抄袭，在集群形成初期对产业集聚和集群发展曾经产生过积极的影响。但是，在集群已经形成规模而且区域竞争日益激烈和产品更新换代日益加快的今天，如果仍一味地停留

① Sull N. Donald. From Community of Innovation to Community of Inertia: The Rise and Fall of the U. S. Tire Industry [J]. *Academy of Management Proceedings*. BPS: L1 – L6, 2001. Saxenian A. *Regional Advantage: Culture and Competition in Silicon Valley and Route128* [M]. Cambridge: Harvard University Press, 1994.

② ［美］迈克尔·波特. 竞争论 [M]. 高登第，李明轩译. 北京：中信出版社，2003. 262.

③ Bent Dalum, Christian Ø. R. Pedersen, et al. Technoligical Life Cycles Regional Clusters Facing Disruption [C]. DRUID Summer Conference on "Industrial Dynamics of the New and Old Economy-who is Embracing Whom?" Copenhagen/Elsinore, 2002.

④ 蔡宁，王发明. 中关村高新技术产业组织死亡率分析 [J]. 统计研究，2006（4）：39～44.

⑤ Saxenian A. *Regional Advantage: Culture and Competition in Silicon Valley and Route128* [M]. Cambridge: Harvard University Press, 1994. Porter M. *The Competitive Advantage of Nations* [M]. London: Macmillan, 1990.

⑥ 陈旭. 基于产业集群的技术创新扩散研究 [J]. 管理学报，2005（5）：333～336.

在低技术水平上的重复模仿，那么集群的优势将会逐渐丧失殆尽，更不要奢谈提高集群的持续竞争能力了。这就是萨尔所说的集群惯性会带来集群衰退的风险。如何提高集群企业自主创新的积极性从而增强集群的创新能力？企业创新的动力在哪里？这也是目前学界关注的一个问题。

技术创新及其扩散与知识产权保护之间存在着密不可分的内在联系。随着知识经济的发展，技术创新与知识产权保护越来越受到世界各国的高度重视。由于知识产权制度在我国运行的时间不长，因此，与发达国家企业相比，国内企业的技术创新能力不强，知识产权保护意识较弱。一是表现在大多数企业普遍存在重生产、轻研发，重引进、轻消化，重模仿、轻创新的问题。有些企业虽然有创新，但创新的技术含量不高，高端发明较少，创新没有成为大多数企业的内在动力。据2013年国家统计局的有关统计，2012年，我国工业企业研发经费投入7 200.6亿元，经费投入强度（企业投入研发经费与主营业务收入之比）为0.77%，远低于发达国家4%左右的投入水平。二是表现在很多企业缺乏知识产权保护的意识和能力，普遍存在有制造无创新、有创新无产权、有产权无应用和有应用无保护的情况。有关统计显示，目前国内80%的侵权案件的受害者是国内企业。① 面对侵权行为，多数被侵权企业或者处于无意识状态，或者缺乏必要的知识产权自我保护能力，从而不能及时采取正确的维权措施。更值得注意的是，少数侵权企业甚至并不认为自己的行为是侵权行为，知识产权意识十分匮乏。知识产权的保护情况，将直接影响创新主体进一步创新的积极性。因此，企业技术创新中的知识产权保护问题也是一个急需研究的课题。

古镇灯饰产业集群是生长在广东中山古镇的一个以生产灯具、灯饰为主要产品的产业集群，萌芽于20世纪70年代末，基本上与我国的改革开放同步。经过30多年的发展，如今已经成为国内最大的灯具、灯饰生产基地和批发市场。目前，古镇登记注册的灯饰及其配件企业约1.5万家，周边还有4 000多家，而据当地业内人士估计，整个集群（古镇及其周边）企业总数高达2万多家，从业人员十多万。2013年古镇灯饰业总产值达142.8亿元，灯饰产品畅销全国各地，占国内市场份额的60%以上，并出口到东南亚、日本、美国及欧洲等100多个国家和地区。

古镇灯饰产业集群的发展，不仅取得了良好的灯饰产业集群效应，而且带动了古镇各行业的发展，也对周围地区经济的发展产生了巨大的促进作用。古镇灯饰产业集群的发展很早就引起了学界的重视，杨建梅在2004年就对古镇灯饰产业集群进行过实证研究，深入分析了集群企业间的竞争关系，得出了集群中的企

---

① 李培林. 论企业技术创新与知识产权保护研究［J］. 科技管理研究，2010（6）：187～189.

业间竞争更为激烈，集群中企业的竞争压力主要来自本地企业同行，集群中生产相同或相近产品的企业之间不存在合作关系等结论。① 但是，我们在调研中发现，古镇灯饰集群也存在着一些我国低技术产业集群普遍存在的共性问题和灯饰产业特殊的个性问题，如技术自主创新不足、创新动力缺乏、产品外观设计模仿抄袭现象严重、知识产权保护意识欠缺和保护能力不强等。如何加强企业的知识产权保护意识，打击行业内产品、技术的模仿、抄袭行为，保护企业技术创新的积极性，进而提升整个集群的创新能力和促进集群升级，是古镇灯饰产业集群目前正致力于解决的问题。

本书研究的问题即是在上述背景下提出的。第一，世界经济正由传统的工业经济向现代的知识经济转变，低成本作为产业集群的主要竞争优势正在逐渐丧失，而技术创新正在成为产业集群核心竞争力的关键因素。产业集群及集群企业如何适应形势的变化，探索一条有利于企业发展和集群升级的技术创新之路，是本书力图探讨的第一个问题。第二，灯饰产业是一个技术含量不高的产业，古镇灯饰产业集群经过 30 多年的发展，虽然已初具规模并具备相当的实力，但其中也存在诸如技术创新不足、创新动力缺乏、产品外观设计模仿抄袭现象严重、知识产权保护意识欠缺和保护能力不强等制约企业发展与集群升级的严重问题。如何激励企业的创新热情，减少模仿抄袭，加强知识产权保护，提高集群整体的创新能力进而提升集群的竞争力，是本书致力研究的第二个问题。第三，作为自主创新主体的企业和作为培育扶持集群发展的行业协会与地方政府，如何在国家的知识产权战略框架下构建企业自身的知识产权管理体系和制定切合本地集群实际的知识产权政策，也是本书要重点探讨的问题。

1.2　研究目的与意义

20 世纪 80 年代以来，世界范围内产业集群现象的兴起，引起了国际学术界对产业集群研究的理论热潮，涌现出了一大批颇有价值的研究成果，为区域产业发展提供了重要参考。然而，理论往往落后于实践，产业集群的发展实践不断出现新的现象和提出新的问题，需要进一步的理论去回答，如我们在调研中发现的产业集群技术创新动力不足和技术创新速度缓慢的问题，前述产业集群衰落的问题等。虽然已有研究者对这些问题做了大量的研究，提出了一些理论解释，但问题往往是极其复杂的，不同的产业背景、不同的政策环境、不同的区域文化可能隐含着不同产业集群成功或失败的不同秘密，这些都需要我们深入到具体的集群

---

① 杨建梅，郭毅怡. 广东古镇灯具企业集群的竞争研究 ［J］. 数量经济技术经济研究，2004（1）：149～154.

中去分析、去研究。本书意在以古镇灯饰产业集群为研究案例，深入探讨产业技术水平不高、产品注重外观设计、技术易于模仿的产业集群在发展中遇到的一些问题，重点分析集群技术创新动力与知识产权保护问题，以期发现一些规律，为此类产业集群的发展提供参考。

如前所述，世界经济正由传统的工业经济转向现代的知识经济，技术创新正在取代低成本优势成为产业集群核心竞争力的关键因素。关于技术创新动力的研究，从国内外现有的研究文献来看，从企业角度研究的较多，从产业角度研究的较少；从单个企业角度研究的较多，从产业集群角度研究的较少；定性的理论分析研究较多，定量的实证研究较少；一般性的研究较多，个案分析的较少。本书以古镇灯饰产业集群这一个案为立足点，结合灯饰产业的特点，从集群的维度探讨企业创新与集群创新的动力因素及其关联性，通过访谈和问卷获得实际数据并借助结构方程建模（Structural Equation Modelling，SEM）方法对数据进行分析，定量地研究这一问题，以期获得新的发现。

关于知识产权保护的研究，国内比国外起步晚，还停留在基础阶段。已有的研究成果显示，研究比较多地集中在法律领域，从管理维度研究的较少；从国家层面研究的较多，从产业、集群和企业层面研究的较少；单独研究知识产权保护的较多，将知识产权保护与技术创新动力联系起来研究的较少。本书立足知识产权管理，将知识产权保护与技术创新动力联系起来进行研究，探讨二者之间的互动机制，并拟在企业和集群的层面探讨如何建立有效的知识产权管理系统与保护平台，为企业的技术创新和集群的升级提供参考。上述种种，即是本书的研究目的之所在。

本书具理论意义和实践意义。其理论意义在于，在已有研究的基础上，拓宽技术创新和知识产权保护的研究视角，增加产业集群理论研究的个案分析案例，丰富产业集群技术创新与知识产权保护的有关理论内容，为进一步的理论研究提供参考。

本书研究的问题源于对集群的实际调研，是集群从业者特别是地方政府和行业协会一直以来颇感困惑的问题。在收集实际数据和大量文献研究的基础上，本书对产业集群的技术创新和知识产权保护问题的研究对于集群的发展有着重要的现实意义，对这些问题所做的理论探讨与分析结论应该能为地方政府制定集群的进一步发展战略提供借鉴，对于我国大量存在的具有类似产业特点的产业集群在技术创新以及知识产权保护等方面也应该具有参考价值。因此，本书亦具实践意义。

1.3 研究方法与技术路线

本书从选题到研究遵循问题导向的基本思路，即发现问题—提出问题—分析问题—解决问题。具体而言就是，在大量相关文献研究的基础上，深入集群作深度调研，通过观察、访谈、QQ 通信等方式发现集群面临且最为关心的问题；然后对这些问题根据文献研究的理论基础进行甄别和提炼，提出可研究的问题；进一步查阅研究文献，了解和掌握问题的理论研究现状，发现研究盲点和进一步的研究方向，确定研究基础和突破口；进一步分析所要研究的问题，选择适当的研究方法；通过具体研究，得出研究结论；对结论作实践对比和理论分析，进行适当的理论提炼与概括，提出对问题解决的一些思考；最后提出进一步的研究展望。

基于上述研究思路和前述研究问题，本书主要采用实证研究的方法。具体而言，数据搜集采用访谈调查、问卷调查、QQ 通信等方法；数据处理与分析采用结构方程建模及分析方法。另外，就整体而言，还采用了文献研究法、质性研究法、规范分析法、逻辑归纳与演绎法、统计分析法和系统分析法等等。

本书的技术路线如图 1-1 所示。

1.4 研究内容与结构框架

全书共分为 7 章，具体内容安排如下：

第 1 章：绪论。阐述了选题背景和研究问题，阐明了研究目的与意义，并在此基础上提出了研究思路和研究方法，确定了研究内容与结构框架，最后归纳了研究创新点。

第 2 章：理论基础与文献研究。阐述了产业集群的概念和内涵、产业集群的特征与分类，回顾了几种主要的产业集群理论，重点论述了产业集群研究的网络分析方法；综述了技术创新理论，重点梳理了国内外有关技术创新动力理论的研究进展；回顾了创新扩散理论，重点论述了创新扩散模型及其应用；阐述了知识产权及知识产权保护的有关概念，论述了知识产权管理理论，分析了技术创新与知识产权保护的内在联系。

第 3 章：概念模型与理论假设。首先阐述了本书概念模型的理论基础，着重论述理论模型和理论假设的立论依据，这些理论包括理性行为理论与计划行为理论、动机理论与期望理论以及技术创新与产业集群竞争力理论等。然后论述了方法论基础，并在分析立论依据的基础上，提出了潜变量结构的概念模型，进而提

```
┌──────────────────────────────────────────────┐
│  文献研究  ⟹    ┌──────────────────┐           │
│                 │   提出研究问题    │           │
│  访谈调研  ⟹    └──────────────────┘           │
│              ┌──────────┐  ┌──────────┐        │
│              │ 文献综述 │  │ 实践调查 │        │
│              └──────────┘  └──────────┘        │
└──────────────────────────────────────────────┘

┌──────────────────────────────────────────────┐
│  文献研究  ⟹    ┌──────────────────────┐       │
│                 │  方法论基础与质性研究  │       │
│  质性研究  ⟹    └──────────────────────┘       │
│            ┌────────────┐  ┌────────────┐      │
│            │ 建立概念模型│  │ 提出理论假设│      │
│            └────────────┘  └────────────┘      │
└──────────────────────────────────────────────┘

┌──────────────────────────────────────────────┐
│  问卷试测  ⟹    ┌──────────────────┐           │
│                 │   设计调查问卷    │           │
│  问卷修正  ⟹    └──────────────────┘           │
│                 ┌──────────────────┐           │
│                 │  问卷发放与回收   │           │
│                 └──────────────────┘           │
└──────────────────────────────────────────────┘

┌──────────────────────────────────────────────┐
│ 效度信度检验 ⟹  ┌──────────────────┐           │
│                 │   数据处理与分析   │          │
│ 因子模型分析 ⟹  └──────────────────┘           │
│                 ┌──────────────────┐           │
│                 │  假设验证与实证结果│          │
│                 └──────────────────┘           │
└──────────────────────────────────────────────┘

┌──────────────────────────────────────────────┐
│  理论思考  ⟹    ┌──────────────────┐           │
│                 │    研究结论       │          │
│  实践启示  ⟹    └──────────────────┘           │
└──────────────────────────────────────────────┘

┌──────────────────────────────────────────────┐
│ 创新与局限  ⟹   ┌──────────────────┐           │
│                 │   结论与展望      │          │
│                 └──────────────────┘           │
└──────────────────────────────────────────────┘
```

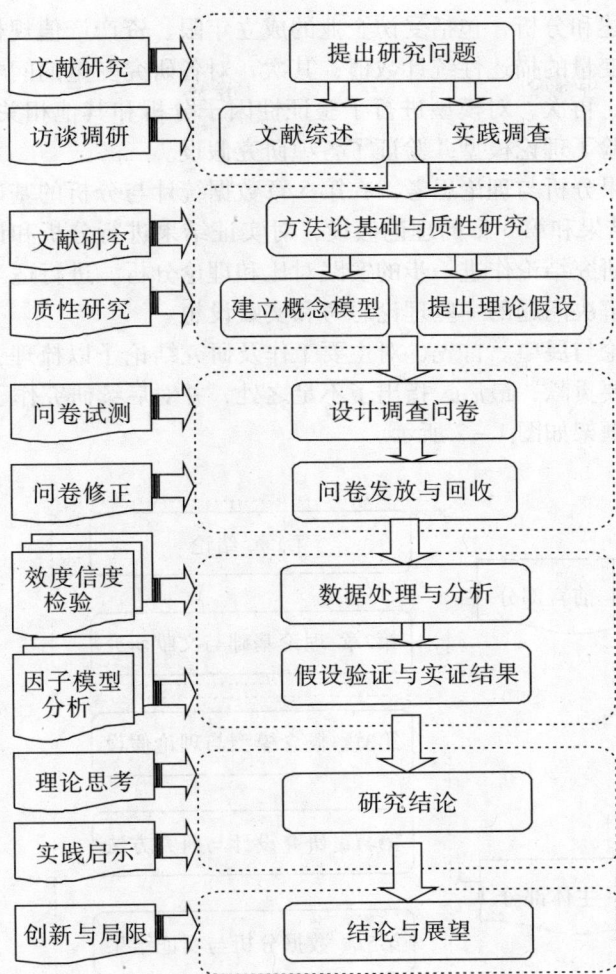

图1-1 技术路线

出了理论假设。

第4章：研究设计与研究方法。首先，介绍了研究数据采集的样本总体及样本采集途径，说明了样本选取的代表性和数据的可用性；其次，论述了调查问卷的设计依据和设计过程，给出了潜变量的定义及其观测变量的题项，并对问卷量表的理论依据作了说明，介绍了问卷的预测试和修订过程；再次，介绍了研究方法的选择和理由，阐述了结构方程建模方法的特点和应用步骤；最后，介绍了具体分析框架。

第5章：数据分析与实证结果。首先，介绍了样本数据的采集情况，并对样本数据进行了描述和分析，包括受访企业的成立年限、资产产值规模、主营业务等统计特征和各变量的描述性统计数值；其次，对各研究变量的问卷量表进行了信度和效度检验；再次，对模型进行了验证性因子分析和其他相关分析；最后，用全模型分析检验了理论模型并验证了各项研究假设。

第 6 章：结果分析与理论思考。在第 5 章数据统计与分析的基础上，结合第 2 章的文献研究结果和第 3 章的理论假设，对实证结果进行分析和讨论，得出研究结论。然后对研究结论作进一步的实践对比和理论分析，进行适当的理论提炼和概括，提出对解决问题的一些理论思考和实践设想。

第 7 章：结论与展望。首先，对主要工作及研究结论予以梳理；然后，阐述了创新之处及主要贡献；最后，指出了不足之处，并对后续研究作了展望。

本书的结构框架如图 1 - 2 所示。

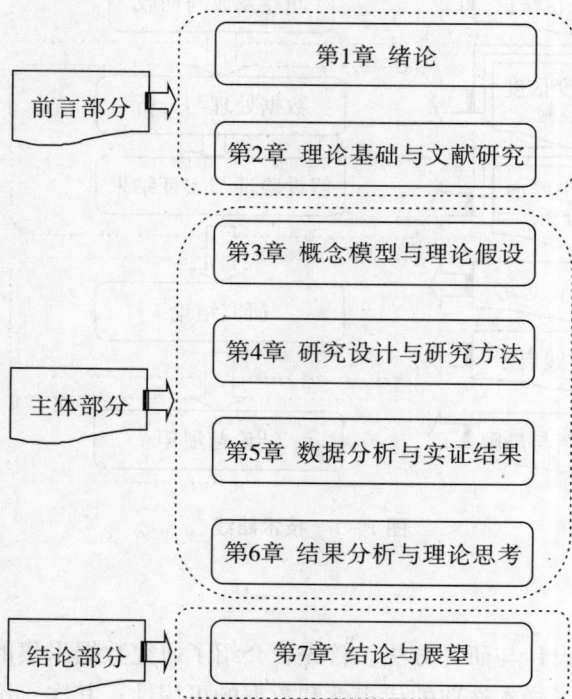

```
                    ┌─────────────────────────┐
                    │      第1章  绪论          │
         前言部分 ▷ ├─────────────────────────┤
                    │  第2章  理论基础与文献研究  │
                    └─────────────────────────┘

                    ┌─────────────────────────┐
                    │  第3章  概念模型与理论假设  │
                    ├─────────────────────────┤
                    │  第4章  研究设计与研究方法  │
         主体部分 ▷ ├─────────────────────────┤
                    │  第5章  数据分析与实证结果  │
                    ├─────────────────────────┤
                    │  第6章  结果分析与理论思考  │
                    └─────────────────────────┘

                    ┌─────────────────────────┐
         结论部分 ▷ │    第7章  结论与展望       │
                    └─────────────────────────┘
```

图 1 - 2　本书结构框架

1.5 创新之处

（1）本书以古镇灯饰产业集群这一个案为立足点，从集群的维度探讨了企业创新与集群创新的动力因素及其关联性，将知识产权保护与技术创新动力联系起来，探讨了二者之间的互动机制，并在企业和集群的层面探讨如何建立有效的知识产权管理系统和保护平台，为企业的技术创新与集群的升级提供参考。因此，本书在研究视角上有所创新。

（2）以科尔曼的理性选择理论为基础，将建立在"个人—企业"这一层次上的期望动机理论和计划行为理论的结论移植到"企业—集群"这一层次，提出了技术创新和知识产权保护对集群竞争力影响的理论模型。

（3）以古镇灯饰产业集群的样本数据为基础，实证地检验了本书所提出的理论假设，得出了技术模仿和知识产权保护对于产业集群发展的不同阶段均具有不同作用的结论，为产业集群的相关理论提供了实际案例的支持。

（4）提出了企业组织和产业集群组织等人类系统的行为动机也受其需求"心理"支配的观点，该观点为我们在处理人类社会系统时提供了一个用个体心理的微观理论解释人类组织宏观行为的通道和可能性。

（5）提出了产业集群属于具有自组织特征的经济复杂系统的观点，认为观察和研究产业集群需要有系统观或网络观，要关注系统要素之间的协同性和集群整体的涌现性，企业竞争力转化为集群竞争力的前提条件是集群企业要具有协同性。

（6）提出了"产业集群是一个多利益主体的利益协调系统，集群发展是各种利益主体相互动态博弈的结果"的观点，认为地方政府在制定本地包括知识产权保护在内的各项具体措施时，都要充分考虑各利益主体的利益诉求，维护好产业集群内部群落的"生态平衡"。

第 2 章

理论基础与文献研究

本章阐述了产业集群的概念和内涵、产业集群的特征与分类，回顾了几种主要的产业集群理论，重点论述了产业集群研究的网络分析方法；综述了技术创新理论，重点梳理了国内外有关技术创新动力理论的研究进展；回顾了创新扩散理论，重点论述了创新扩散模型及其应用；阐述了知识产权及知识产权保护的有关概念，论述了知识产权管理理论，分析了技术创新与知识产权保护的内在联系。

2.1 产业集群理论

2.1.1 产业集群的概念及内涵

产业集群理论研究的起源可追溯到马歇尔（Alfred Marshall）的"产业区理论"。马歇尔在其 1890 年出版的《经济学原理》一书中提出了"外部规模经济"的概念，指出一种产业在某特定区域集聚会导致该区域生产企业整体成本的下降，马歇尔把这种产业集聚的特定区域称为"产业区"（Industry District），并将这种"产业区"定义为"一种由历史与自然共同限定的区域，其中，（大量）中小企业积极地相互作用，企业群与社会趋向融合"。① 马歇尔从外部经济性出发，研究了企业的外部竞争环境，奠定了集群理论的研究基础。受马歇尔产业区理论的影响，贝卡蒂尼（Becattini）把以"第三意大利"为代表的一些中小型企业高度聚集的社会区域生产综合体称为"新产业区"，后来又将这种"新产业区"定义为"由同业工人及其企业簇群在特定地域内大规模自然地历史地形成为特征的区域性社会实体"。②

1990 年，美国经济学家波特（M. Porter）在其《国家竞争力》一书中正式提出"产业集群"（Industral Cluster）的概念，并在随后的文献中给出了产业集

---

① ［英］马歇尔. 经济学原理（上卷）［M］. 陈良璧译. 北京：华夏出版社，2005.

② Becattini G. *Marshallian Anomalies*. Paper presented at the Conference "Competition and Evolution: the Marshallian Conciliation Exercise", Sophia Antinopolis, 9 – 10th December.

群的定义描述。根据波特的定义，产业集群是一组在地理上靠近的相互联系的公司和关联的机构，它们同处或相关于一个特定的产业领域，由于具有共性和互补性而联系在一起。[①] 波特提出产业集群概念之后，也有一些学者如派克（Pyke）、施密茨（Schmitz）、罗森菲尔德（Rosenfeld）等将这种集聚的经济组织称为"企业集群"[②]，国内的王缉慈也持这种观点，认为产业集群中包含着不止一个产业，还有许多的支持性产业，因此主张用"企业集群"来指称[③]。恩赖特（Enright，1995）虽然认可"产业集群"的称谓，但也认为集群并非只是单一产业的集聚，可以是一个或几个产业与技术创新环境的结合。[④] 又由于企业集群中大多是中小企业，因而仇保兴将其称作"中小企业集群"[⑤]，巴格拉沙（Bagelsa，2000）也用"中小企业集群"这一概念[⑥]。王珺（2002）提出了"簇群经济"的概念，即以大量的中小企业在产业上的集中和地理位置上的集聚为特征的地区经济。[⑦]另外，还有"地方产业集群"（Local Cluster of Enterprises）、"区域集群"（Regional Cluster）、"区域创新系统"（Regional Innovation System）或"网络产业集群"（Network Industrial Cluster）等多种称谓。

虽然学界目前对产业集群概念的理解不统一甚至存在一些误区[⑧]，但基本上还都是在波特"产业集群"的概念框架之内，波特提出的定义仍然凝聚了很多共识。如张辉的产业集群定义即为这种共识的代表之一，其定义为"一定区域内特定产业的、众多具有分工合作关系的、不同规模等级的企业及其相关的各种机构、组织等行为主体通过网络关系紧密联系的、具有空间开放性的集聚体，代表

---

① Porter M. E. Clusters and the New Economics of Competition [J]. *Harvard Business Review*, 1998.

② Pyke F., Sengenberge W, eds. *Indutrial Districts and Local Economic Regeneration* [M]. Geneva: International Institute For Labour Studies, 1992. Schmitz H.. Does Local Co-operation Matter? Evidence From Industrial Clusters in South Asia and Latin America [J]. *Oxford Development Studies*, 2000, 28 (3): pp. 23 – 336. Rosenfeld. Bringing Business Clusters into the Main Stream of Economic Development [J]. *European Planning Studies*, 1997 (1): 3 ~ 23.

③ 王缉慈. 简论我国地方企业集群的研究意义 [J]. 经济地理, 2001, 21 (5): 550 ~ 553.

④ Enright M. J. Organization and Coordination in Geographically Concentrated Industries. In: Lamoreaux N., Raff D., eds. *Coordination and Information: Historical Perspectives on the Organization of Enterprise*. Chicago: Chicago Universiey Press, 1995. pp. 1 – 17.

⑤ 仇保兴. 小企业集群研究 [M]. 上海: 复旦大学出版社, 1999.

⑥ Bagelsa Bagella M., Becchetti L., Sacchi S. The Positive Link between Geographical Agglomeration and Expert Industry: The Engine of Italian Endogenous Growth? In: Bagella M., Becchetti L., eds. *The Competitive Advantage Districts: Theoretical and Empirical Analysis*,: A Springer-Verlag Company, 2000.

⑦ 王珺. 论簇群经济的阶段性研究 [J]. 学术研究, 2002 (7): 5 ~ 9.

⑧ 王缉慈, 谭文柱, 林涛. 产业集群概念理解的若干误区评析 [J], 地域研究与开发, 2006, 25 (2): 1 ~ 6.

着介于市场和等级制之间的一种新的生产组织形式"。①

波特共识表明，产业集群概念的内涵至少应该具有如下几个基本要点：

第一，产业集群的主体不仅包括企业，而且还包括商会、协会等中介机构以及大学、政府、银行等研究机构和服务机构，是一种介于市场与企业科层制之间的中间体网络组织形式，企业间的交易频率、交易稳定性和资源专用性决定着产业集群的组织边界。因此，产业集群不同于企业集团或产业集中，其主体具有多元性和异质性。

第二，产业集群的多元异质主体同处或相关于一个特定的产业领域，即产业集群内的企业和其他机构都与某一产业领域相关，具有产业关联性，产业集群不同于工业园区。

第三，产业集群内的企业及相关机构不是孤立存在的，各个主体之间存在着密切的联系，它们构成了一个复杂的有机整体，即产业集群可被看成是一个共生互补的产业种群生态系统，系统内部存在大量的竞争、合作与依附关系。因此，产业集群不同于简单的产业集聚，这也是产业集群形成和发展的关键。

第四，产业集群具有空间集中分布的地理临近特征，且多数具有地方根植性，其发展具有路径依赖性。

第五，产业的区域集聚同时带来了信息集聚、知识集聚和技术集聚，从而使集群内企业更易于进行知识交流和技术创新。因此，产业集群也是一个知识创新和技术创新系统。

2.1.2　产业集群的特征与类型

也有学者从产业集群特征的角度来阐述产业集群的概念内涵，揭示产业集群成功的因素与经验。热贝罗蒂（Rabellotti，1995）将产业集群的特征归纳为四个方面：空间集聚性与产业集中性，地方根植性与文化渗透性，资源共享性与市场关联性，主体异质性与组织网络性。② 马库森（Markusen，1996）对产业集群的特征则有如下表述：中小企业居多，地理空间集聚和产业高度集中，企业独立决策，生产深度分工，企业层次规模较小但产业层次规模较大，范围经济效应，高效灵活和文化同源等。③ 普莱特（Pleter）和蒂杰克（Van Dijk，2003）归纳出了产业集群的20个特征，并认为这些特征有些是源于经验总结，有些是来自理论

---

① 张辉. 全球价值链下地方产业集群转型和升级 ［M］. 北京：经济科学出版社，2006. 35.

② Rabellotti. External Economies and Cooperation in Industrial Districts：a Comparison of Italy and Mexico ［D］. Brighton：University of Sussex，1995.

③ Markusen A. Sticky Places in Slippery Space：a Typology of Industrial Districts ［J］. *Economic Geography*，1996，72（3）：293 –313.

推导，其中最基本、也是产业集群的共性特征有六个：企业地理接近性，经济活动繁密性，所事业务相关性，分包关系，合作关系，专业化[①]。此外，恩赖特（1995）和施密茨（1995）强调了产业集群的创新性特征[②]；亚历克斯（Alex，1997）和伯格曼（Bergman，1999）强调了产业集群的产业关联性特征[③]；贝哥拉（Bagella，2000）和斯科特（Scott，2002）强调了产业集群的网络特征[④]；国内的周菲和张薇（2007）将产业集群的特征归纳为空间集聚性、地方根植性、专业化、网络化、学习性和自我增强性等[⑤]。上述对产业集群特征的描述，分别从不同的角度揭示了产业集群的本质和内涵，体现了产业集群的共性与研究者的共识，也是对产业集群成功因素的分析和成功经验的总结，为产业集群理论的进一步深入研究奠定了基础。

对产业集群分类的研究有助于我们对产业集群概念的把握和对产业集群不同发展模式的认识和对比。产业集群的分类标准取决于研究的目的和内容，研究的目的和内容不同，分类标准也不同。下面是几种比较有代表性的分类：

波特根据产业集群内企业的产业关联性将产业集群分为水平关联维度（Horizontal Dimension）和垂直关联维度（Vertical Dimension）两大类。水平关联集群是指集群由生产类似产品并相互竞争的企业组成，垂直关联集群是指集群由附属的企业和供应商、客户和相关服务机构通过网络交互联系在一起的企业组成。[⑥] 从现实的集群来看，在集群形成初期，其水平关联特征比较明显，而成熟的集群则往往更多地表现出垂直关联的特征。其实，目前的实际集群大多表现为兼有两种特征的混合模式。这种集群的分类，对于研究集群成长与演化以及群内企业间的产业关联关系具有参考价值。

① Van Dijk M. P. Is the Concentration of ICT Companies in Nanjing an Innovative Cluster? . In：Fornahl D. , Brenner T. eds. *Cooperation Networks and Institutions in Regional Innovation Systems*, Cheltenham：Edward Elgar Publishing, 2003.

② Enright M. J. Organization and Coordination in Geographically Concentrated Industries. In：Lamoreaux N. , Raff D. , eds. *Coordination and Information*：*Historical Perspectives on the Organization of Enterprise*. Chicago：Chicago Universiey Press, 1995. pp. 1 – 17. Schmitz H. Collective Efficiency：Growth Path for Small-Scale Industry [J] . *Journal of Development Studies*. 1995, 31 (4)：529 – 566.

③ Alex Hoen. *Three Variations on Identifying Cluster* [R], Paper presented at the OECD—workshop on cluster-Based polices, Amsterdam, 1997：10. Bergman, Edward M. , Feser Edward J. Industrial and Regional Clusters：Concepts and Comparative Applications, The Web Bool of Regional Science , 1999, Regional Research Institute, WVU.

④ Bagella M. , Becchetti L. , Sacchi S. The Oretical and Empirical Analysis [J] . *A Springer-Verlag Company*, 2000. Scott B. , Sender S. "Austin-Texas：Building a High-tech Economy" Harvard Business School. 2002：pp. 75 – 98.

⑤ 周菲，张薇. 产业集群基本理论研究 [J]. 决策与信息, 2007 (12)：35～38.

⑥ ［美］迈克尔·波特. 国家竞争优势 [M]. 李明轩，邱如美译. 北京：华夏出版社, 2002.

1996 年，马库森在对美国、巴西、韩国、日本这四个国家发展较快的产业区进行研究之后，根据集群企业的构成成分将其考察的产业区（集群）分为四种类型：马歇尔式（意大利）产业区（Marshallian District）、轮轴式产业区（Hub – and – spoke District）、卫星平台式产业区（Satellite Platform District）和国家中心式产业区（State – centered District）①。其中马歇尔式产业区是指由大量同一产业中的中小企业在一定区域内集聚，形成一种弹性专业化的网络状合作系统，该产业区中没有核心企业，区内企业产业关联性较强。这是一种典型的中小企业产业集群，在我国也大量存在，浙江、广东的产业集群大多属于此类。轮轴式产业区是指以一个或少数几个大型企业为中心，周边集聚许多配套的中小企业而形成的集群。区内核心大型企业掌握着资金、技术和服务，上下游中小企业与之密切合作，政府在其中也扮演着重要角色。卫星平台式产业区主要是由本地企业和外部核心大型企业投资于当地工业园区而形成的，区内企业呈现出行业多样化特征，并且未必存在产业关联，企业间合作较少，核心企业总部位于集群外部，政府提供优惠政策和基础设施服务，集群特征不明显。我国的大部分开发区或工业园区即属此类。严格而言，一般不把这种园区称作产业集群。国家中心式产业区，顾名思义是由国家主导的产业园区，一般由一个或多个大型国家机构及周边的供应商和销售商构成，产业区发展主要依赖国家的巨额投资和政府机构的政治需求，区内的企业合作程度较低，政府主导作用明显。国家中心式产业区一般较少存在，它与卫星平台式产业区有类似之处，一般也不被称作产业集群。同时，马库森也认为，以上只是产业集群的四种基本形态，现实中的产业集群可能表现为更为复杂的结构形式，是这四种基本形态的变形或混合体。马库森的集群分类，对于识别集群发展模式以及地方政府根据区域特点选择有效的集群培育模式具有指导意义。

迈特卡（Mytelka，1998）依据产业集群的发展阶段与技术水平将产业集群分为非正式集群、有组织集群和创新集群三类。并指出这三类集群的构成成员（主要指企业）在参与程度、企业规模、创新水平、互信程度、技能水平、技术水平、产业关联、合作水平与出口水平等评价指标上依次呈现出由低到高的特征。②

国内方面，仇保兴以中国产业集群为样本，在深入研究的基础上，提出了一

---

① Markusen A. Sticky Places in Slippery Space: a Typology of Industrial Districts [J]. *Economic Geography*, 1996, 72 (3): 293 – 313.

② Lynn Mytelka. *Competition, Innovation and Competitiveness: Learning to Innovate Under Conditions of Industrial Change* [C]. Paper presented at the EU/INTECH Conference on The Economics of Industrial Structure and Innovation Dynamics and Technology Policy, Lisbon, 1998. 16 – 17.

个三种类型的分类，即市场型集群、中卫型或椎型集群和网络型集群。所谓市场型集群，是指集群主要由小企业组成，群内企业间的关系是以平等的市场交易为基础，各生产企业以水平联系来进行产品的生产，如浙江义乌和嵊县的小企业集群。中卫型或椎型集群是指以大企业为中心，中心外围有众多小企业分布，大企业居于支配地位，小企业为核心大企业进行外包加工或进行限制性销售。网络型集群是指小企业集群中企业间以信息联系为主，协作模式包括商标合作、与大学或科研机构建立协作联盟等多种形式。①

2.1.3 几种主要的产业集群理论

大多数人普遍认可的产业集群理论始建构于马歇尔的"产业区理论"，然而，究其渊源，或许需要追溯到亚当·斯密的专业化分工理论。随着集群实践成功案例的不断增多，产业集群理论的研究逐渐成为热点，发展至今，已形成众多的学术理论流派。下面根据产业集群理论研究的逻辑演化脉络，对几种主要的集群理论进行梳理。

1. 基于分工与报酬递增的产业集群理论

早期关于产业集群的理论研究主要集中于对集群形成机制的解释方面。较具代表性的有以亚当·斯密为代表的专业化分工理论和以马歇尔为代表的规模经济理论。亚当·斯密在其《国富论》中认为有三种分工形式，即企业内分工、企业间分工和产业分工，其中，企业间分工即被认为是产业集群形成的理论依据。这种分工理论认为，分工可以提高效率，节约生产成本，实现报酬递增，但分工同时又会导致交易费用的增加。而产业集聚解决了这个难题，既可提高效率，实现报酬递增，又可节省交易费用，从而论证了产业集群形成的合理性。② 马歇尔在其 1890 年出版的《经济学原理》一书中提出了"内部规模经济"和"外部规模经济"这两个重要概念，其中的外部规模经济是指由于某种产业在特定区域的集聚导致该区域内生产企业的整体成本下降。马歇尔通过对英国一些传统产业集聚现象的考察，发现了外部规模经济与产业集群之间的密切关系。马歇尔详细分析了产业集聚现象的产生与发展，认为产业集聚现象之所以发生是由于企业追求信息交流与技术扩散、辅助性工业发展和专业化人才市场等三种外部规模经济而导致的。③

由于低成本优势是当时企业发展最为主要的因素，所以上述的专业化分工理

---

① 仇保兴. 小企业集群研究 [M]. 上海：复旦大学出版社，1999.

② ［英］亚当·斯密. 国民财富的性质和原因的研究 [M]. 郭大力，王亚南译. 北京：商务印书馆，1981.

③ ［英］马歇尔. 经济学原理（上卷）[M]. 陈良璧译. 北京：华夏出版社，2005.

论和规模经济理论的确能够解释产业集群形成的机制与根源。但是，随着技术的发展和集群这种组织形式的逐渐成熟，企业的核心竞争优势发生了转变。越来越多的现实集群发展案例表明，古典经济学、新古典经济学的产业集群理论已经不再能够解释现代产业集群产生和存在的主要原因。

2. 基于空间经济地理学的产业集群理论

（1）韦伯工业区位理论。仅从成本因素考虑，韦伯（Alfred Weber）的工业区位论，基本上承袭了马歇尔规模经济理论中基于成本因素对产业集聚原因的解释，认为多个工厂集聚一起较之各自分散而言，能给工厂带来更多的收益和节省更多的成本，所以工厂有集聚的愿望。他在 1909 年出版的《工业区位论》一书中，从企业地理区位选择的角度，阐明了促使工业在一定地区集聚的原因。[①] 韦伯与马歇尔的区别在于，工业区位理论除了认可产生集聚的规模经济效应之外，还强调了区位选择的重要性，认为运费和劳动力成本是影响企业区位选择的主要因素。

（2）佩鲁的增长极理论。增长极理论最早是由法国经济学家佩鲁（F. Perrour）在 1955 年提出的。该理论认为，经济发展在时间和空间上都不是均衡分布的，经济增长在不同的部门、行业或地区会有不同速度。一些具有创新能力的行业或部门集中于某些特定区域，以较快的速度优先发展，形成"增长极"，然后通过其吸引力和扩散力促使所在部门和地区迅速发展，最终带动其他部门和地区的发展。佩鲁认为，"增长极"的带动作用主要表现在四个方面：一是技术的创新和扩散，二是资本的集中与输出，三是规模经济效应，四是集聚经济效果。可见，佩鲁的增长极理论本质上也是一种集聚经济理论。[②]

（3）新经济地理理论。克鲁格曼（Pual Krugman）是新经济地理理论的代表人物，他于 1991 年提出了工业集群的理论模型，首次通过数学模型方法证明了产业空间集聚的一般趋势，同时分析了外在环境因素对产业区空间格局的影响，从研究方法论上创新了传统的经济地理学。新经济地理理论研究的主要议题仍然是产业分布的区位问题和经济活动的空间过程，该理论强调报酬递增，强调内生化比较优势。与前述增长极理论类似，新经济地理理论关于产业集聚的理论基础还是基于规模经济的收益递增，不过与马歇尔的规模经济理论相比，新经济地理理论不是只关注纯粹的企业行为，同时也关注产业政策对产业集群形成和发展的影响[③]。

---

① ［德］阿尔弗雷德·韦伯. 工业区位论［M］. 李刚剑等译. 北京：商务印书馆，2010.

② ［法］佩鲁. 发展新概念［M］. 郭春林等译. 北京：社会科学文献出版社，1988.

③ Krugman P. Increasing Returns and Economic Geography［J］. *Journal of Political Geography*，1991，99：183 - 199.

3. 新产业区理论

新产业区理论源于贝卡蒂尼（1978）等人"新产业区"概念的提出。后来贝卡蒂尼（2000）等通过对当时意大利独特的产业区经济运作模式进行研究，把以"第三意大利"为代表的一些中小型企业高度聚集的社会区域生产综合体称为"新产业区"，并将这种"新产业区"定义为"由同业工人及其企业簇群在特定地域内大规模自然地历史地形成为特征的区域性社会实体"。① 新产业区理论显然是受到了马歇尔产业区理论的影响，它们所指的这种"区域性社会实体"与马歇尔的产业区有很多相似之处。该理论认为，产业集群形成的根本原因在于柔性专业化生产和企业间的地方化网络联系。学界一般将以贝卡蒂尼为代表的这一学派称为新产业区学派。此外，在新产业区理论中还有新产业空间学派和创新环境学派。

新产业空间学派将科斯（Coase）和威廉姆森（Williamson）的交易费用理论应用到产业集群的研究中，认为产业的空间集聚能够降低交易成本和促进企业相互合作，并能提高企业的创新能力和灵活性，从而使得企业具有集聚的倾向。② 与新产业区学派一样，该学派也特别强调集群制度的重要性。

创新环境学派的代表性学者有麦莱特（Maillat）和佩兰（Perrin）等人。他们强调产业集群的创新性特征，提出了"创新环境"、"创新网络"和"集体学习"等概念，系统阐述了集群创新的条件与机制。不过，该学派只论述了产业集聚能够促使集群产生创新性特征，而对创新反过来影响产业集聚缺乏分析。③

上述各种产业集群理论是在传统工业经济背景下提出的，强调追求各种外部性是集群形成的主要原因，其对产业集群的解释更多的适合传统的产业集群。随着新技术革命的快速发展，世界经济正由传统工业经济向现代知识经济转变，技术进步不仅极大地推动了生产力的发展，也在很大程度上改变了社会的生产方式。在新的背景下，现代产业集群的发展实践不断出现新的特征，提出新的问题，推动着产业集群理论的进一步发展。下文中的集群竞争优势理论和社会网络理论就是这种理论发展的体现。

4. 波特的产业集群竞争优势理论

波特竞争优势理论的内核是他的钻石模型。该模型由四个基本要素组成，它们分别是生产要素、需求条件、相关与支持性产业、企业战略及其结构和同业竞

---

① Becattini G. *Marshallian Anomalies*. Paper presented at the Conference "Competition and Evolution: the Marshallian conciliation Exercise", Sophia Antinopolis, 9–10th December.

② [美] 奥利弗·E. 威廉姆森. 反托拉斯经济学——兼并、协约和策略行为 [M]. 张群群，黄涛译. 北京：经济科学出版社，1999.

③ 王缉慈，谭文柱，林涛. 产业集群概念理解的若干误区评析 [J]. 地域研究与开发，2006，25（2）：1~6.

争。在这四个要素之外，波特又加入了机会和政府两个变量。波特的钻石模型主要用于分析一个国家某种产业为什么会在国际上有较强的竞争力。[①] 随后，波特又将钻石模型应用于产业集群理论，解释了产业集群的形成与发展过程。认为只有在钻石模型中几个要素都发挥作用的条件下，一个国家或地区才能创造出有利于企业发展的环境，从而促进企业的创新，当这一条件具备时，企业就有聚集成集群的强烈动机，并在获得关键要素的支持后，形成产业竞争优势。[②] 后来，加拿大学者帕德莫尔（Padmore）和吉布森（Gibson）在波特钻石模型的基础上，提出了基于产业集群的区域竞争力模型，这可看作是产业集群竞争优势理论的进一步发展。

5. 产业集群的社会网络理论

随着产业集群实践与理论的不断发展，关于产业集群的理论研究近年来出现了一些新的特点。研究重点由原来的成本费用节省、产业集聚原因及企业间投入产出关系转向对集群内部制度和社会文化环境的研究，由原来只关注物质资本和人力资本的研究转向同时关注社会资本的研究，并基于网络的视角将集群看作是介于市场和企业之间的一种网络组织，借助社会网络理论为分析工具，引进经济社会学的"根植性"和"社会资本"等概念，从文化角度进行研究。事实上，网络性已被公认为集群的本质特征之一。而在整个集群拥有共同产业制度环境和地方文化氛围的条件下，集群企业之间也的确广泛存在着基于地缘或血缘的联系，因此集群企业之间存在丰厚的社会资本。这样，建立在这一社会资本之上的企业间信任和灵活的契约关系，就使得集群内企业能够获得其他企业无法模仿与复制的竞争优势。[③] 不仅如此，社会网络分析方法使得从结构视角定量地研究产业集群成为可能，在方法论上为产业集群的研究开辟了新的途径。关于产业集群研究的网络分析方法将在下一节结合复杂网络理论单独讨论。

2.1.4 产业集群研究的网络分析方法

产业集群的形成和发展实际上是社会经济主体的一种自组织行为过程。从已有的集群研究案例来看，绝大多数成功的集群都是自发成长起来的集群，而很多人为建构的"集群"最终却走向了衰落。这一现象曾经甚至引起了关于产业集群概念界定的争论。一种观点认为，产业集群应该是指那种自组织生成的经济区域集聚体，人为建构的专业化城市、特色产业部门或者工业园区等严格来说还不

---

① ［美］迈克尔·波特. 国家竞争优势［M］. 李明轩，邱如美译. 北京：中信出版社，2002.

② ［美］迈克尔·波特. 竞争战略［M］. 陈小悦译. 北京：华夏出版社，2005.

③ Kurt Annen. Inclusive and Exclusive Social Capital in the Small-Firm Sector in Developing Countries ［J］. *Journal of Institutional and Theoretical Economics*，2001，157（2）：319–328.

能叫作产业集群,因为前者与产业集群在结构和功能上都存在着显著差别,二者的内在经济运行机制和外在表现也有所不同①。该文针对的另一种观点则是,只要有企业扎堆或产业集中,都可不加区别地称作产业集群。

按照系统自组织理论的观点,产业集群实际上就是一个自组织成长起来的复杂系统,因此,研究产业集群不能回避产业集群复杂系统的自组织过程及其内在结构的复杂性。复杂性的一个重要来源是系统元素之间存在错综复杂的关系和相互作用。如果我们把系统元素看作节点,把元素之间的关系连线看作边,那么任何系统都可看成是一个由节点和边连接起来的网络。对于产业集群而言,构成集群的主体——企业、商会、行业协会、大学、研究机构、政府以及银行、中介等服务机构就是系统的元素节点,集群主体之间的各种关联关系就是网络的连边,正是在这种意义上,产业集群被看成是一种网络组织。网络的观点洞察到了复杂性的要害,它为我们研究复杂系统的复杂性问题提供了新的视角、手段和洞察力。前述的产业集群社会网络理论已经提到了集群研究的社会网络分析方法,但是近年来复杂网络理论和方法的兴起,使得一些研究者已经开始运用复杂网络分析方法来研究产业集群②。复杂网络理论及其分析方法与社会网络分析方法在方法论层面有其共性之处,但二者在诸如结构测度等微观层面又有所不同。下面基于产业集群的复杂性研究视角,着重介绍复杂网络分析方法。

网络研究的起源可追溯到数学中的图论,它源于欧拉(Euler)的"Konigsberg 七桥问题"。图论研究最初集中在规则图上,人们用规则的拓扑结构图来描述真实的系统。20 世纪 60 年代,匈牙利数学家厄尔多斯(Erdös)和瑞尼(Rényi)建立了随机图的基本模型(ER 模型)③,在随后的 40 年里,该模型一直被人们作为研究真实复杂系统的基本理论。然而,到了 20 世纪末,科学家们发现大量真实系统的拓扑结构既不同于规则图,也不同于随机图,而是介于两者之间,其统计测度表现出了一些新的特征,而这些特征很好地解释了真实复杂系统的宏观行为。这样的一些拓扑结构网络被科学家们叫作复杂网络。

① 王缉慈,谭文柱,林涛. 产业集群概念理解的若干误区评析 [J],地域研究与开发,2006,25 (2):1~6.

② Gordoni, Mccann P. Industrial Clusters: Complexes, Agglomeration and Porsocial Networks [J]. *Urban Studies*, 2000, 37 (3):513–532. Keeble D., Wilkinson F. *High-technology Clusters, Networking and Collective Learning in Europe* [M]. Aldershot:Ashgate Published Limited, 2000. 蔡宁,吴结兵,殷鸣. 产业集群复杂网络的结构与功能分析 [J]. 经济地理,2006,26 (3):378~382. 李金华. 基于复杂网络理论视角的产业集群网络特征浅析 [J]. 江苏商论,2007 (1):46~47. 范如国,许烨. 基于复杂网络的产业集群演化及其治理研究 [J]. 技术经济,2008,27 (9):76~81.

③ Erdös P, Rényi A. On Random Graphs [J]. *Publications Mathematicas*, 1959 (6):290–297. Erdös P, Rényi A. On the Evolution of Random Graphs [J]. *Publications of the Mathematical Institute of the Hungarian Academy of Science*, 1960 (5):17–61.

目前的复杂网络研究包括理论研究和实证应用研究两个方面。理论研究主要是就网络科学理论本身而言，主要涉及以下三个方面的内容：第一，定义各种网络特征测度来刻画真实复杂系统的宏观性质。例如，度和度分布：度表示与一个节点直接相连的节点个数，度分布即度相同的节点的数目分布情况。又如，集聚系数：表示某节点的直接邻居节点之间也互相连接的稠密程度。再如，距离及平均最短路径长：距离为两节点之间最短连边的条数，网络的平均最短路径长则定义为该网络上所有节点两两间距离的平均值。此外，介数（Betweenness）及其分布、连通集团的规模分布等也是描述复杂网络常用的重要测度。通过对各种真实网络诸多特征测度的分析，发现了一系列存在于真实网络结构上的共同特性，如小世界特性、无标度特性、聚类特性、自相似特性等。这些特性很好地解释了许多真实复杂系统的宏观行为。第二，建立网络模型来模拟真实系统中各种宏观性质的微观生成机制。这些网络模型主要包括小世界网络模型（WS 模型）、无标度网络模型（BA 模型）以及由它们改进的各种混合模型。第三，研究在不同结构的网络中发生的各种动力学过程的行为和特征。如，网络的同步能力与控制，网络的拥塞与路由问题，网络的鲁棒性与脆弱性，网络的传播行为和博弈问题等。

复杂网络的实证应用研究则是运用复杂网络的相关模型和方法，分析各种现实复杂系统的结构、性质及演化规律等宏观特征，这些研究已经涉及复杂系统的复杂涌现问题以及涌现的微观机制，为复杂性研究开辟了一个新的研究视角。例如，利用复杂网络的理论和方法对生物体的新陈代谢系统、大脑神经网络、多智能体网络系统、流行病传播与免疫控制、产业竞争与合作关系、及时通信工具的病毒式营销以及交通、通信、语言、社会经济、社会意见传播等方面的研究已取得了大量的成果①，有些成果极富创见，揭示了复杂系统中很多以往方法所没能

① Couzin I. Collective Minds [J]. Nature, 2007, 445：715. Ray C., Ruffini G., Marco-Pallares J., et al. Complex Networks in Brain Electrical Activity [J]. A Letters Journal Exploring the Frontiers of Physics, 2007 (3)：1－5. Zhou T, Fu Z Q, Wang B H. Epidemic Dynamics on Complex Networks [J]. Progress of Natural Science, 2006 (5)：452－457. Zhang H F, Li K Z, Fu X C. An Efficient Control Strategy of Epidemic Spreading on Scale-Free Networks [J]. Chin. Phys. Lett. 2009 (6)：1－4. Yang J M, Wang W J, et al. A Two-level Complex Network Model and its Application [J]. Physica A, 2009, 388：2435－2449. Yang J M, Lu L P, Xie W D, et al. On Competitive Relationship Networks：A New Method for Industrial Competition Analysis [J]. Physica A, 2007, 382：704－714. Yang J M, Yao C Z, Ma W C, Chen G R. A Study of the Spreading Scheme for Viral Marketing Based on a Complex Network Model [J]. Physica A, 2010, 389：859－870. Wang W X, Lu J, Chen G, et al. Phase Transition and Hysteresis Loop in Structured Games with Global Updating [J]. 2008 (77)：1－5. Palla G., Barabasi A L., Vicsek T. Quantifying Social Group Evolution [J]. Nature, 2007, 446：664－667. Xia Y, Hill D J. Attack Vulnerability of Complex Communication Networks. IEEE Trans Circuits Syst-II, 2008 (1)：65－69. Li P, Wang B H. An Approach to Hang Seng Index in Hong Kong Stock Market Based on Network Topological Statistics [J]. Chinese Science Bulletin, 2006 (5)：624－629.

发现的新特征，有些成果甚至为人工社会复杂系统的构建、控制以及功能的优化提供了重要的参考，如传染病的传播与控制、交通网络的优化与管理、网络安全性的加强以及如何提高电网的抗毁性等。

目前，复杂网络理论继续深入研究，研究内容已开始涉及网络节点的主体性和异构性、网络局域的影响性、网络拓扑的不均匀性和网络随时间演化过程中的偏好依附性等网络特征。同时，网络拓扑、节点和边的属性与网络动力学行为之间的关系也开始成为新的研究热点①。复杂网络理论研究的不断深入，势必会给复杂性的研究开辟一条蹊径。

复杂系统的一个重要特征就是它具有涌现性，而复杂性研究的关键就是要弄清涌现的内在机制。涌现通常是指由多个要素构成的系统出现了系统组成前单个要素所不具有的性质，这个性质只是在系统由低层次构成高层次时才表现出来。这就是说，涌现意味着事物作为一个整体而出现并维持其整体的存在，这种整体的特征不能还原为其局部的特征，我们甚至不能从局部特征中看到整体的任何影子。为什么复杂系统会涌现出要素所不具有的新质？系统要素与整体新质之间又有怎样的关联？传统的还原论和整体论似乎都无法回答这样的问题。还原论专注于研究个体要素，并以此来解释整体系统的性质、状态以及演变和功能；而整体论则把系统整体看作黑箱，仅从其输入输出来了解整体系统的这些特征。在研究复杂系统的复杂涌现性时，还原论需要克服的是复杂系统不满足"整体等于部分之和"这一线性关系的困难，而整体论则需要摆脱"黑箱方法"无法揭示系统涌现的内在具体机制的困境。复杂网络分析方法则在二者之间架起了桥梁，既关注系统的个体要素，又通过关系洞察系统整体，融合并超越了还原论和整体论。

首先，复杂网络分析方法不仅注重组成系统的元素，更注重元素之间的关系。它将元素抽象为点，将元素与元素之间的关系抽象为线，从而系统就被抽象为由点和线连接而成的网络。而且，这种网络的基本组成单元既不是单一的点，也不是单一的线，而是"点一线一点"。系统的结构基础是点与点相连的网络，而系统的功能基础则是点线网络的动力学行为。其次，构成复杂网络的点不是"死"的点，而是一个个具有相对独立性的主体（Agent）。每一个主体既受到其他主体的影响，又有一定的自主性，它们在变化的环境中不断地调适自己，成为具有学习能力和适应性的主体，即网络节点属性是演化的。再次，复杂网络是开放的而不是封闭的，它充分考虑了随时会有新的主体（节点）加入其中并与已有的主体建立联系（新的线）和随时也会有老的节点死去及已有联系中断的，即这种网络是具有成长性的网络。这就是复杂网络分析方法与还原论孤立的、静

① 李德毅. 用科学任务带动网络科学研究的尝试——如何选择网络科学研究的载体 [C]. 青岛: CCCN, 2009.

态的分析方法的根本不同，它是通过网络模型来实现的。

还有一点不同的是，复杂网络方法与计算机相结合，借助计算机超强的计算能力和仿真技术，在计算机这个虚拟的世界里模拟复杂系统的涌现过程，这也是这一方法最为关键之处。其基本思路是：通过观察真实的复杂系统，建立系统每个主体的模型，并将主体间的关系抽象为主体所遵循的简单规则，编制网络程序模型并在计算机中运行，观察网络程序模型在计算机中的模拟涌现结果和属性，分析网络的拓扑结构特征，然后再反过来用涌现结果和网络特征反映和解释真实系统的宏观行为；修改模型中的参数、规则，甚至修改模型本身，观察参数、规则如何影响模型的涌现结果，比较分析不同模型涌现结果的差异并与真实复杂系统进行对照，从而评价模型与真实系统的符合度。

显然，复杂网络模型方法在复杂性研究上较之传统的研究方法有着明显的优势，特别是在研究社会复杂系统时，传统方法更是无法比拟。传统科学研究方法要么强调科学实验，要么强调数理演绎证明。然而在研究社会复杂系统时，由于其所具有的历时成长性、不可分割性和不可重演性，用传统的实验方法几乎是不可能完成的。而复杂网络模型方法则能够借助计算机超强的计算能力和仿真技术，在虚拟的计算机世界中找到现实社会复杂系统的"硅替身"，建立一个非常方便的虚拟实验室，通过方便地修改社会系统所遵循的规则、参数，进行各种各样的社会学实验①，从而观察各种丰富社会现象的涌现。另外，对于社会复杂系统的研究，如果采用传统的数理模型进行人工演绎证明，由于变量参数杂多、数据量庞大，再加上变量参数间错综复杂的非线性关系，仅靠人的脑力也是不可能完成的。但计算机超大的储存记忆能力和超快的运算处理速度却可弥补人脑的不足，使其成为研究复杂社会系统的一个天然的分析工具。复杂网络模型方法正是依靠它与计算机天然地结合，才能在复杂性研究领域一展身手。短短十几年的发展，基于复杂网络模型的分析方法已经广泛地应用于脑神经科学、医学、生态学、环境学、经济学、社会学、管理学、语言学和文化学等广阔的领域，并获得了大量的研究成果。在产业集群的研究上，已显示有文献在运用复杂网络的分析方法。②

---

① ［美］卡斯蒂. 虚实世界：计算机仿真如何改变科学的疆域［M］. 王千祥，权利宁译. 上海：上海科技教育出版社，1998.

② Gordoni，Mccann P. Industrial Clusters：Complexes，Agglomeration and Porsocial Networks［J］. *Urban Studies*，2000，37（3）：513 – 532. Keeble D.，Wilkinson F. *High-technology Clusters，Networking and Collective Learning in Europe*［M］. Aldershot：Ashgate Published Limited，2000. 蔡宁，吴结兵，殷鸣. 产业集群复杂网络的结构与功能分析［J］. 经济地理，2006，26（3）：378～382. 李金华. 基于复杂网络理论视角的产业集群网络特征浅析［J］. 江苏商论，2007（1）：46～47. 范如国，许烨. 基于复杂网络的产业集群演化及其治理研究［J］. 技术经济，2008，27（9）：76～81.

2.2 技术创新理论

2.2.1 创新理论概述

创新理论（Innovation Theory）是由熊彼特（Joseph A. Schumpeter）在其1912年出版的《经济发展理论》一书中首次提出的。熊彼特将"创新"定义为"建立一种新的生产函数，把一种从来没有过的关于生产要素和生产条件的新组合引入生产体系"。在熊彼特看来，创新是一个经济范畴而非单纯的技术范畴，它不仅是指科学技术上的发明或某项工艺创造，更是指把已发明的科学技术引入企业生产之中，形成一种新的生产能力。创新是一种不停运转的机制，只有引入生产实际中的发现与发明，并对原有生产体系产生震荡效应，才是创新。为此，熊彼特列举了其创新概念所包含的五个方面的内容：制造新的产品；采用新的生产方法；开辟新的市场；获得新的供应商；形成新的组织形式。[①] 随后，熊彼特又在其分别于1939年、1942年出版的著作《经济周期：资本主义过程的理论、历史和统计分析》和《资本主义、社会主义和民主主义》中，对其创新理论加以运用和拓展，形成了以创新理论为基础的包括经济周期理论和社会进步理论在内的独特理论体系。熊彼特创新理论的最大特点就是强调生产技术的革新和生产方法的变革在经济发展过程中至高无上的作用。熊彼特的"创新"概念主要是指"技术创新"，但又不仅仅局限于技术创新，其中也涉及制度创新、组织创新和管理创新等。只有在熊彼特那里，讨论的重点还是技术创新。因此，学界在表述熊彼特的创新理论时往往也没有将"创新理论"和"技术创新理论"做严格的区分。本书是在设定"创新"概念的外延大于"技术创新"概念的外延的意义上来使用创新概念的。

自熊彼特提出创新理论至今已有一个世纪。在这期间，无论是科学技术水平还是经济发展方式都发生了巨大变化，创新理论也随着科学技术进步和经济实践发展而不断演进。时至今日，创新理论已逐渐形成了以新古典内生经济增长理论和技术创新过程与扩散理论为代表的两个理论分支，并表现为以新古典学派、新熊彼特学派、制度创新学派和国家创新系统学派为代表的四个理论流派。下面仅基于本书的研究框架与需要对有关的理论观点做些梳理和评述。

1. 从技术创新理论到制度创新理论

诺斯（D. C. North）是制度创新学派最重要的代表人物。他在《制度变迁与美国经济增长》、《西方世界的兴起》、《制度、制度变迁与经济绩效》等著作中，

---

① ［美］熊彼特. 经济发展理论［M］. 孔伟艳，朱攀峰，娄季芳译. 北京：北京出版社，2008.

通过对技术创新环境的制度分析，构建了一个较为完整的制度创新理论框架，系统阐述了经济发展中的制度创新和制度安排问题。诺斯认为，制度创新是指经济的组织形式或经营管理方式的变革，是使创新者获得追加利益的现存制度的重新安排。制度之所以会被创新，是因为在现存的制度安排下无法实现创新的预期收益，因此只有通过对现存制度的主动变革，消除现存制度中的阻碍因素，才可能会获得创新收益。诺斯强调激励制度对于经济增长的重要性，认为经济增长的关键在于建立一套能够对创新者提供有效激励的制度，该制度能够在一定时期内保护创新者的新技术专有权，减少技术创新结果的不确定性，提高创新者收益，进而激励创新者进一步技术创新的积极性。这样，在创新者个人利益得到有效的保证后，客观上就会促进整个社会的经济增长。① 新制度创新学派把熊彼特的创新理论与制度学派的制度理论结合起来，深入探讨了制度安排对经济增长的影响，发展了熊彼特的制度创新思想。

2. 从企业创新理论到集群创新理论

创新理论早期研究主要集中在对单个企业技术创新过程的分析。从熊彼特开始到 20 世纪 70 年代，逐渐形成了基于企业层面的技术创新研究的"线性范式"，该范式认为技术创新一般需要经历"发明—开发—设计—中试—生产—销售"这样一个简单的线性过程，这一过程是在单个企业内部独立产生的。后来的研究发现，外部的知识信息交换及技术协作对企业技术创新具有重要作用，它可以有效克服单个企业技术创新时的能力局限，激发和活跃创新思维，降低创新过程中的技术与市场不确定性风险。此后，技术创新研究的视野就从单个企业内部扩展到企业与外部环境之间的联系和互动，从而导致技术创新研究"网络范式"的兴起。②

技术创新研究的"网络范式"最初应用在国家层面，形成了国家技术创新系统理论。随着经济全球化的不断演进，经济发展的区域特征日益明显，而国家概念逐渐模糊，区域概念代替了国家概念，成为了真正意义上的经济利益体。经济区域既可以是一个国家内部的区域，也可以是跨越国家地理边界的跨国区域。进一步的研究发现，创新网络的成效与创新主体的空间分布有很大关系，地方化的产业创新网络似乎比跨国技术联盟更加持久和稳定，其中地理邻近带来的文化认同和相互信任等因素起到了重要的作用③。技术创新研究由单个企业创新的线

---

① ［美］道格拉斯·诺斯. 制度、制度变迁与经济绩效［M］. 刘守英译. 上海：上海三联书店，1994. ［美］道格拉斯·诺思. 西方世界的兴起［M］. 厉以平，蔡磊译. 北京：华夏出版社，1999.

② Asheim T. Interactive，Innovation Systems and SME Policy［R］. Paper presented at the EGU Commission on the Organization of Industrial Space residential conference，Gothenburg，1998.

③ Baptista R. ，Swann G. M. P. Do Firms in Clusters Innovate More? ［J］. *Research Policy*，1998，27：525－540.

性范式扩展到区域创新的网络范式，表明技术创新研究已开始与产业集群的研究结合起来，技术创新理论已由企业创新理论发展到了集群创新理论。如罗森菲尔德（1997）认为，区域创新系统可以首先通过区域集群定义来界定，也就是地理上的相对集中的相互独立的企业群[①]；阿什海姆（Asheim，2000）认为区域创新系统就是由支撑机构环绕的区域集群[②]。

3. 从技术创新理论到技术扩散理论

如前所述，熊彼特创新理论的最大特点就是强调生产技术革新和生产方法变革在经济发展过程中的核心作用。新熊彼特学派秉承了熊彼特的经济分析传统，但将研究进一步深入到技术创新的内部微观过程中，具体探讨了新技术推广、技术创新与模仿之间的关系、技术创新与市场结构的关系、企业规模与技术创新的关系等问题。新熊彼特学派代表人物之一的曼斯菲尔德（E. Mansfield）考察了同一部门内技术扩散的速度和影响技术扩散的各种经济因素的关系，为此，他提出了四个假设条件：完全竞争的市场；专利权对模仿者的影响很小；新技术在扩散过程中本身不变化；企业规模的差异不影响新技术的采用。在此假设的前提下，曼斯菲尔德认为在一定时期内新技术的扩散速度受模仿比例、模仿相对盈利率和采用新技术需要的投资额三个因素的影响：模仿比例越高，采用新技术的速度就越快；相对盈利率越高，推广速度就越快；在相对盈利率相同情况下，采用新技术要求的投资额越大，推广速度就越慢。另外，曼斯菲尔德认为旧设备剩余使用年限、企业销售量的增长情况、新技术首次被不同企业采用的时间间隔和新技术首次被采用的经济周期所处阶段这四个补充因素也会对新技术扩散速度产生影响：旧设备剩余使用年限越长，新技术扩散速度越慢；销售量增长越快，新技术扩散速度越快；新技术首次被不同企业采用的时间间隔越长，推广速度越慢；新技术初次被采用的时间在经济周期中所处的阶段不同，扩散速度也不同。[③] 以曼斯菲尔德为代表的新熊彼特学派的研究工作，已将熊彼特开创的技术创新理论拓展到了技术扩散理论。

尽管有学者指出，曼斯菲尔德的理论假设前提条件与实际经济状况相差太大

---

① Rosenfeld A. A. Bringing Business Clusters into the Main Stream of Economic Development ［J］. *European Planning Studies*，1997，5（1）：3 – 23.

② Asheim T. Industrial Districts：The Contributions of Marshall and Beyond ［M］. In：Clark G. L.，Feldman M.，Gertler M.，eds. *The Oxford Handbook of Economic Geography*，Oxford：Oxford University Press，2000，413 – 431.

③ ［美］曼斯菲尔德. 微观经济学——理论与应用 ［M］. 钱国荣等译. 北京：中国金融出版社，1992.

从而该理论对现实经济的解释力有限①，但是笔者并不完全同意这样的评价。从笔者对一些集群的实际调研情况来看，我国一些地方的中小产业集群在其形成初期，其市场环境和制度环境条件的确存在与曼斯菲尔德假设的前提有很多相似之处，即技术模仿现象普遍存在。比如本书将要重点讨论的案例集群——古镇灯饰产业集群——在其形成初期即是如此。该集群在形成初期，基本都是家庭作坊式的微型企业，不存在大企业的技术垄断现象，再加上市场规制缺乏，基本处于完全竞争市场状态；知识产权保护意识不强，知识产权保护措施几近空白，模仿现象相当普遍。

2.2.2 技术创新动力理论

所谓技术创新动力，是指促使技术创新主体产生技术创新的欲望和要求，并进行技术创新活动的一系列因素和条件。而在实际的技术创新活动中，各动力要素和条件往往又是相互作用的，在一定程度上形成以某种动力因素为主的技术创新动力模式。技术创新过程是一项复杂而艰难的智力创造活动，技术创新需要动力驱动，技术创新动力状况决定着技术创新活动的发生发展以及创新活动的努力程度与意志强弱。因此，技术创新的动力机制问题在技术创新的研究中广受关注。自熊彼特提出技术创新理论以来，许多学者对这一问题进行了探讨，提出了许多技术创新动力模式，取得了一些有价值的理论成果。这些成果，为技术创新动力理论的进一步研究奠定了基础。

1. 国外技术创新动力研究

早期国外影响较大的技术创新动力模式理论归纳起来主要有技术推动模式、市场需求拉动模式、技术—市场双重动力模式、技术轨道模式和需求—资源（N－R）瓶颈驱动模式等几种。下面作一个简单回顾。

（1）技术推动模式。技术推动模式是最早出现的技术创新动力模式，该模式的主要提出者是前述创新理论的创始人熊彼特。熊彼特认为，新技术的发明和出现是推动企业家进行技术创新并力图通过其商业应用获得高额利润的基本驱动力，不管这种技术发明是产生于经济系统之外还是产生于一个垄断竞争的大型研发实验室中。② 技术推动模式强调科学技术自身发展对技术创新的推动作用，认为科学技术的发展和发明创造能够诱导企业家利用技术发明创造商业利润的动机，从而推动技术创新。按照这种动力模式，科学技术上的重大突破会引起技术创新活动，源于科学发现的技术发明是驱动技术创新的主要动力。这种模式还认

---

① 张凤海，侯铁珊．技术创新理论述评［J］．东北大学学报（社会科学版），2008，10（2）：101～105.

② ［美］约瑟夫·熊彼特．经济发展理论［M］．何畏等译．北京：商务印书馆，1990. 251～253.

为，市场对技术创新的需求并非是市场用户的自觉意识，市场需求也是由新的科技发明创造出来的，直接来自市场或社会需求的动力是极其微弱或是潜在的。在实际的技术创新实践中，如发电机、电动机、无线电通信、核能、激光和半导体等许多技术创新充分支持了这一模式，因为它们基本都是从基础研究和应用研究开始，先有理论成果，后有技术发明，最后进入市场商业化。技术推动模式在一定程度上客观地反映了部分技术创新的实际，具有一定的合理性。但是，该模式因此断言技术创新不依赖于市场需求等外在经济因素，这一看法显得有些武断。

（2）市场需求拉动模式。在美国著名的创新经济学家、宾夕法尼亚大学教授施穆克勒（J. Schmookler）提出需求拉动模式之前，人们普遍接受熊彼特等人的技术推动论。然而施穆克勒在1966年出版的《发明与经济增长》一书打破了技术推动说的核心地位。在该书中，施穆克勒通过对1840—1950年美国四个主要资本货物部门（铁路、石油冶炼、农业机械和造纸业）及部分消费品工业部门的专利权数与投资额进行统计分析发现：发明活动是追求利润的经济活动，它受市场需求的引导和制约。据此，施穆克勒提出市场需求是技术创新的主要推动力的主张，强调外部市场的经济因素对技术创新的作用，并认为专利发明活动也与其他经济活动一样是以追求利润为目的的，受市场需求的引导和制约。[①] 随后，美国麻省理工学院教授迈尔斯和马奎斯（Myers & Marquis）于1969年抽样调查了5个产业的567项技术创新，结果发现，有3/4的创新是由市场需求或生产需求推动的，只有1/5的创新以技术本身发展推动为来源。[②] 与迈尔斯和马奎斯的结果类似，厄特巴克（J. M. Utterback）在1974年的一项研究结论也支持了施穆克勒的观点，该项研究工作的结论显示，60%～80%的重要创新是由于市场需求拉动的。[③] 基于这些实证研究的结果，他们自然会得出如下结论：市场需求及其他各种社会需要是推动技术创新的主要动力来源。

（3）技术—市场双重动力模式。技术推动论和需求拉动论各自在一定程度上反映了技术创新实践的实际，也都寻找到了现实数据的支持，因而二者都具有一定的理论合理性和实践有效性。但是，两种模式都只是单因素决定论，它们所阐述的都仅仅是技术创新动力机制中的一个侧面或者说一种因素，解释的也只能是部分技术创新活动，不能给不同类型的技术创新活动提供普遍性的说明。这样的研究结果必然会引发将二者的争论进行折中调和的思考。20世纪80年代后期，斯坦福大学的莫厄里和罗森堡格（D. C. Mowery & N. Rosenberg，1989）正是通过

① J. Schmookler. *Invention and Economic Growth* ［M］. Cambridge：Harvard University Press，1966.

② Myers S.，Marquis D. G. Successful Industrial Innovation ［J］. Washington D. C.：*Natural Science Foundation*，1969.

③ Utterback J.，Abernathy W. J. A Dynamic Model of Process and Product Innovation ［J］. *Omega*，1975，3：639－656.

对技术推动模式和市场需求拉动模式进行折衷和调和，从而提出了"技术—市场双重动力模式"。该模式认为，技术创新的过程是一个十分复杂的过程，不可能是由某个单一因素唯一确定的，在大多数情况下，成功的技术创新取决于技术推动和需求拉动的有效结合，技术创新是技术进步推动和市场需求拉动共同作用的结果①。当然，"技术—市场双重动力模式"论并非只是对技术推动论和需求拉动论的简单逻辑调和，它是基于对技术创新固有规律性的认知而概括出来的，具有实证研究方面的有力支持。加拿大学者摩罗和诺雷（H. Mumro & H. Noori）对20世纪80年代后期加拿大的900多个企业在技术创新所进行的调查结果发现，前述三种模式被采用的比例分别为：技术推动的技术创新占18%；需求推动的技术创新占26%；技术推动和需求拉动综合作用的技术创新占56%。② 双重动力模式强调科技发现发明和市场需求在技术创新中的综合作用，更好地反映了技术创新的实际过程。

（4）技术轨道模式。20世纪80年代初期，英国经济学家多西（Dosi）等人提出了技术创新动力的技术轨道模式。该模式认为，技术的根本性创新会带来某种新的观念，进而这种新的观念又会模式化为一种技术范式（Technological Paradigm），时间一长，这种技术范式又会逐渐固化并形成技术轨道（Technological Trajectories），一旦形成某条技术轨道，在这条轨道上就会有持续的创新涌现。在多西看来，创新是由一定的技术范式经长期作用而固化的技术轨道所产生的。③ 事实上，技术轨道论仍是从技术发明与技术创造的角度出发，强调技术创新本身的惯性对技术创新的影响，并没有走出技术推动模式的框架。

（5）需求—资源（N-R）瓶颈驱动模式。需求—资源瓶颈驱动模式是日本学者斋藤优在20世纪90年代初期提出的。斋藤优认为，技术创新的动因来源于社会需求（Need）与社会资源（Resource）之间的矛盾或瓶颈（Bottleneck），当现有的社会资源不能完全满足社会提出的某种技术或产品需求时，就会激发人们技术创新的行为，通过技术创新解决资源瓶颈，从而推动技术进步和经济发展。每一次技术创新之后，又会形成新的瓶颈，从而诱导和激发新的技术创新，这样，"瓶颈—创新—瓶颈—创新……"就会循环往复地进行。④ 前述"技术—市场双重动力模式"的提出者罗森堡格的研究也证实了资源供给的不确定性对技术创新

---

① Mowery D. C. , N. Rosenberg. *Technology and the Pursuit of Economic Growth* [M] . New York: Cambridge University Press, 1989.

② 转引自陈晶莹. 企业技术创新动力的研究综述 [J] . 现代管理科学, 2010 (3): 85~86.

③ Dosi, Giovanni. Technological Paradigms and Technological Trajectories: a Suggested Interpretation of the Determinants and Directions of Technical Change [J] . *Research Policy*, 1982 (11), 147–162.

④ ［日］斋藤优. 亚洲的发展和日本的技术政策 [J] . 朱根译. 现代外国哲学社会科学文摘, 1996 (6): 19~20.

的影响。[①]

除了上述几种主要的技术创新动力模式之外，在西方的创新动力理论中还有企业家创新偏好模式、政府启动模式、行政计划推进模式以及"社会—技术—经济"系统的自组织动力模式等等。

2. 国内技术创新动力研究

国内关于技术创新动力理论的研究起步较晚，实证或案例式研究不多，大多采用理论综合或逻辑演绎的思路，研究成果以系统综合见长。主要成果有王海山（1992）的 EPNR 综合模型、项保华（1994）的动力机制分析模型、安立仁和张建申（1995）的内外动力协同模型、万君康和王开明（1997）的期望理论模型、谢薇的"企业家—环境（E-E）"模型、许小东（2002）的"期望—风险内驱动力机制"模型等等。

（1）EPNR 综合模型。王海山（1992）在综合研究国内外关于技术创新动力各种理论模式的基础上，将技术创新动力分为内源动力和外源动力两种因素，提出了技术创新动力的 EPNR 综合模型。由于模型的主要参量包括创新者企业家（Entrepreneur）、创新政策（Policy）、创新需求（Need）和创新资源（Resource），所以命名为 EPNR 综合模型。[②] 该模型把技术创新活动放在整个社会的大环境中来考察，其中包括经济环境、资源环境和政策环境在内的社会环境中体现了模型的外源动力因素，其中经济环境主要是指经济发展状况、社会和市场需求、市场结构等，资源环境主要指科技资源、人才和劳动力资源、资本和信息资源等，政策环境则涉及经济政策、产业政策、国际贸易政策、科学技术政策和各种技术创新政策及相应的法律措施等。内源因素主要是由创新主体来体现的，主要包括研究开发型企业、科技型企业、高新技术企业和其他一般企业中的从事和推动技术创新活动的创新者和企业家。

（2）数理分析模型。项保华（1994）引入及时性、合意性、内在需要、外在激励以及技术创新（效价）等因素，建立了一个创新主体技术创新动力的数理模型，分析了创新主体技术创新动力与其主要影响因素的内在联系，综合考虑了内在需要、外在风险以及技术创新（主观效价）等对创新主体的正反两方面的影响，全面分析了我国企业技术创新动力情况，并就存在的问题提出了相应的改进建议。[③]

（3）内外动力协同模型。安立仁和张建申（1995）从系统的观点出发，将企业作为一个系统并对其技术创新的动力进行分析，指出企业技术创新的动力由内力和外力共同构成，其中内力为企业技术创新提供动因，外力为企业技术创新

① Rosenberg, Nathan. Why Technology Forecasts Often Fail [J]. *The Futurist*, 1995 (7): 16-21.

② 王海山. 技术创新动力机制的理论模式 [J]. 科学技术与辩证法, 1992, 9 (6): 22~27.

③ 项保华. 我国企业技术创新动力机制研究 [J]. 科研管理, 1994, 15 (1): 45~49.

提供动势，企业技术创新的动力等于内力与外力之和，合力的类型决定着企业技术创新的模式。在此模型中，内力又由内动力和内阻力构成，外力由外动力和外阻力构成。企业技术创新的内动力主要包括利润驱动力、成就驱动力和社会价值驱动力等，外动力包括市场环境、金融环境、政策环境和技术进步与社会发展等，内外动力对企业技术创新起着积极的推动作用；企业技术创新的内阻力由风险阻力、惯性阻力、目标阻力和要素阻力构成，外阻力则包括市场需求、不明确的体制和产权关系、不发育的金融市场、不健全的人才技术市场和过剩的劳动力等因素，内外阻力对企业技术创新起着消极的阻碍作用。需要特别指出的是，该模型将市场需求看作阻力因素，认为过强的市场需求，只会把企业的注意力集中在扩大产量和规模上，从而忽视对产品质量性能的改进，不愿意承担一定的风险去进行技术创新，此时的市场需求状况就成为一种外在阻力。①

（4）期望理论模型。万君康和王开明（1997）将维克托·弗鲁姆的期望理论应用于技术创新动力的研究中，提出了技术创新动力的期望理论。该理论模型的简单公式为：技术创新动力＝技术创新产生的效益×成功的概率。②

（5）"企业家—环境（E-E）"模型。谢薇（1997）将企业创新动力因素归结为企业家主体和环境影响两个方面，并据此提出了技术创新的"企业家—环境（E-E）"模型，将前述内因外因的二元论转化为主观客观的二元论，强调了创新主体的作用。③

（6）"期望—风险内驱动力机制"模型。许小东（2002）受技术创新动力期望理论模型的影响，在对该理论模型进行分析评价的基础上，引入技术创新的风险因素，指出技术创新动力受到创新收益、创新投入、创新成功预期与创新失败可能性等四项因素的影响，并借此对期望理论模型进行了修正，提出了"期望—风险内驱动力机制"模型。该模型由一组公式组成，公式为：①创新动力＝创新所产生的效益×创新成功概率；②创新动力＝1/（创新投入×创新失败可能）；③创新动力＝（创新所产生的效益×创新成功期望）/（创新投入×创新失败可能）；④创新成功期望＝1-创新失败可能性。④

除此之外，刘明霞和袁靖波（2007）分析了新经济环境下企业技术创新的影响因素，探讨了创新主体之间的差别以及创新风险对技术创新的影响，并指出了创新行为及创新成果对创新环境具有反作用。⑤ 李垣等通过对河南省300多家企

① 安立仁，张建申. 企业技术创新的动力分析［J］. 西北大学学报（自然科学版），1995，25（2）：171～175.

② 万君康，王开明. 论技术创新的动力机制与期望理论［J］. 科研管理，1997，18（2）：31～35.

③ 谢薇. 技术创新动力机制的 E-E 模式［J］. 软科学，1997（1）：21～23.

④ 许小东. 技术创新内驱动力机制模式研究［J］. 数量经济技术经济研究，2002（3）：76～78.

⑤ 刘明霞，袁靖波. 新经济环境下企业的技术创新动力机制探析［J］. 科技进步与对策，2007，24（7）：94～97.

业的实证研究，得出了企业家精神推动和市场推动是促进企业自主创新的主要因素。① 还有其他的一些研究也很有启发，篇幅所限，不能一一列举。

最后需要指出的是，从技术创新动力研究的发展过程来看，研究重点经历了或正在经历由一元论到多元论、由因素独立研究到因素关联研究、由简单线性研究到复杂非线性研究、由静态技术创新研究到动态系统协同创新研究的转变。如，米勒（Miller）和弗里森（Friesen，1982）、兰普金（Lumpkin），戴斯（Dess，1996）、阿拜赫（Horst Albach，2001）、斯梅尔（Smale，2003）和凯文（Kevin，2005）等人，国内学者许庆瑞（2006）、陈劲（2006）、魏江（2007）以及孙冰（2010）等对技术创新动力做了基于系统论或协同学的研究，提出了技术创新动力系统和创新要素协同关系的概念②，葛霆和周华东（2007）归纳了新世纪国际创新理论的七大进展，提出了动态非线性交互型创新模式、动态创新生态系统、创新计量学等概念，并认为在当今的知识经济社会，创新概念正在发生革命性的变革，知识创造是创新的核心，创新过程的本质是学习。宋刚、唐蔷和张楠等人提出了创新的"双螺旋结构"模式和"创新2.0"模式，认为科技创新是各创新主体、创新要素交互复杂作用下的一种复杂涌现现象，是由技术进步与应用创新的"双螺旋结构"共同演进的产物。信息通信技术的融合与发展正推动着社会形态由传统社会向知识社会转变。传统的科学实验室边界正逐步"融化"，一种新的创新方式悄然兴起，这就是以用户为中心的大众创新、共同创新和开放创新新模式——"创新2.0"模式。这些创新的新概念让人耳目一新，颇具启发性，在此不一一述评。③

---

① 李垣，张宸璐，方润生. 企业自主创新动力因素研究［J］. 成组技术与生产现代化，2007，24（2）：7～11.

② Miller D，Friesen P. H. Innovation in Conservative and Entrepreneurial Firms：Two Models of Strategic Momentum［J］. *Strategic Management Journal*，1982（3）. Lumpkin G. T.，Dess G. Clarifying the Entrepreneurial Rientation Construct and Linking it to Performance［J］. *Academy of Management Review*，1996，21（1）. Kevin，Zheng Zhou，ChiKin Yim，David K. Tse. The Effects of Strategic Orientations on Technology and Market-based Break through Innovations［J］. *Academy of Management Review*，2005（9）. Carl P. Carlucci. Technical Innovations in Public Sector Organizations：a Model Adoption and Implementation［J］. *Academy of Management Review*，2002（5）. Horst Albach. Culture and Technical Innovation［J］. *Academy of Sciences and Technology*，2001（7）. Melinda Smale. Cultural Endowments，Institutional Renovation and Technical Innovation［J］. *Economic Development Center*，2003. Geert Duysters. The Dynamics of Technical Innovation［J］. *The Evolution and Development of Information Technology*，2003，（1）. 许庆瑞，谢章澍，杨志蓉. 企业技术与制度创新协同的动态分析［J］. 科研管理，2006（4）. 陈劲，谢芳，贾丽娜. 企业集团内部协同创新机理研究［J］. 管理学报，2006（6）. 魏江，陶颜，胡胜蓉. 创新系统多层次架构研究［J］. 自然辩证法通讯，2007（4）. 孙冰. 技术创新动因研究综述［J］. 华东经济管理，2010，24（4）：143～147.

③ 葛霆，周华东. 国际创新理论的七大进展［J］. 战略与决策研究，2007，22（6）：441～447. 宋刚，唐蔷，陈锐. 复杂性科学视野下的科技创新［J］. 科学对社会的影响，2008，（2）：28～33. 宋刚，张楠. 创新2.0：知识社会环境下的创新民主化［J］. 中国软科学，2009（10）：60～66.

2.3　创新扩散理论

2.3.1　创新扩散的基本理论

所谓创新扩散，是指创新通过一定的方式和渠道随时间在社会系统各成员间传播和被采用的过程。创新扩散理论的研究由来已久，奥地利经济学家约瑟夫·A. 熊彼特在其出版于 1912 年的《经济发展理论》中，就对技术创新及其扩散对于经济发展的作用进行了论述，只是当时他是用"模仿"（Imitate）这一表述来指称"扩散"的。模仿，也是本书将要研究的古镇灯饰集群在其形成过程中所普遍存在的一种现象。创新扩散理论的系统表述是美国学者埃弗雷特·罗杰斯（Everett M. Rogers）在其 1962 年出版《创新扩散》（Diffusion of Innovations）一书中完成的，该书的出版，使得创新扩散理论很快受到了包括经济学、管理学和社会学在内的等诸多学科领域的广泛关注，有关创新扩散理论的研究成果不断涌现，较具代表性的理论有扩散要素论[1]、影响因素论[2]、扩散过程论[3]等。

事实上，创新扩散研究本来就起源于不同的学科，罗杰斯（2002）列举了包括传播学、社会学、经济学、人类学、教育学、地理学、公共卫生学和市场营销学等在内的十大研究起源。不同学科对创新扩散有不同的定义，罗杰斯的定义获得了较多的共识：创新扩散是一种创新通过某种渠道随着时间推移在社会系统成员中传播的过程，与其他扩散过程的不同之处在于，扩散的对象对于采用创新的个人或单位而言具有新奇性和不确定性。[4] 尽管如此，由于创新扩散研究起源的多学科性和扩散物类型的多样性，致使研究文献中往往存在概念混淆和结论不当移植的现象。在对创新扩散理论大量文献的研究梳理过程中，笔者就曾感觉有一些概念性的问题需要作进一步地厘清，如以往的文献一般不对创新技术载体（或称作创新物）的形式做区分，因而对其在传播扩散机制上存在的差异性也就视而不见。事实上，创新技术的载体有两种不同的表现形式：有形的产品和无形的创

---

① Rogers E. M. *Diffusion of Innovations* [M]. 4th edition. New York：The Free Press, 1995. Farquahar J. W. et al. How Effective is Drug Abuse Resistance Dducation：a Meta-analysis of Project D. A. R. E. Outcome E-valuations [J]. *American Journal of Public Health*, 1990, 84（9）：1394 – 1401.

② Lee H. , Smith K. G. , Grimm C. M. The Effect of New Product Radicality and Scope on the Extent and Speed of Innovation Diffusion [J]. *Journal of Management*, 2003, 29（5）：753 – 768. Baybeck B. Robert Huckfeldt. Urban Contexts, Spatially Dispersed Networks and the Diffusion of Political Information [J]. *Political Geography*, 2002, 21（2）：195 – 220. Granovetter M. Ignorance, Knowledge and Outcomes in a Small World [J]. *Science*, 2003, 301：773 – 774.

③ Rogers E. M. *Diffusion of Innovations* [M]. 4th edition. New York：The Free Press, 1995.

④ Rogers E. M. Diffusion of Preventive Innovations [J]. *Addictive Behaviors*, 2002, 27：989 – 993.

意或专利。在已有文献中，以有形产品为载体的创新技术扩散过程是指产品的销售过程，而以无形创意或专利的创新技术的扩散是指模仿、技术引进或专利购买。文献大多将两种扩散形式不加区分。然而，创新物的形式不同，决定了创新技术采纳者的类别也不同。前述两种创新物的扩散采纳者，一种是生活消费者，一种是生产消费者（或生产者）。前者的目的是消费，后者的目的是生产；前者在消费过程中创新物的价值逐渐消失，后者在消费过程中创新物的价值发生了增值性的转移。本书所讨论的扩散主要是指后者。

罗杰斯研究了多个有关创新扩散的案例，考察了这些案例中创新扩散的进程和各种影响因素，并总结出了创新事物在一个社会系统中扩散的基本规律，提出了著名的创新扩散S曲线理论。罗杰斯认为，创新扩散大多一开始较为缓慢，当创新采纳者达到一定数量（临界数量）后，扩散速度突然加快，创新采纳者数迅速增加，当潜在采纳者群体大部分都已采纳创新，扩散到达饱和点，扩散速度又开始逐渐放缓。从整个扩散过程来看，创新采纳者数量随时间而呈现出S形的变化轨迹。

罗杰斯认为，研究创新扩散需要关注创新、传播渠道、时间和社会系统四个要素。创新可以是新观念、新实践或新物品，要能给创新采纳者有"新"的感觉，创新特征对扩散速度和扩散过程有很大影响，罗杰斯将创新特征归纳为相对优越性、兼容性、复杂性、可实验性和可观察性这五个方面。关于创新扩散的传播渠道，罗杰斯还认为，创新扩散总是借助一定的社会网络进行，大众媒体和信息技术能够有效地提供相关的知识和信息，但在说服人们接受和使用创新方面，人际交流则显得更为直接和有效。因此，创新扩散的最佳途径是将公共传播和人际传播结合起来。时间在创新扩散中也是一个重要的因素，它对扩散速度和扩散模式都有重要影响。罗杰斯根据创新采纳者采纳创新技术在时间上的不同表现，将创新采纳者分为革新者、早期采纳者、早期追随者、晚期追随者和滞后者这五种类型，并对这些类型作了具体分析。罗杰斯的社会系统是指创新扩散的范围或扩散域，它界定了潜在创新采纳者的总体数量。罗杰斯认为，社会系统中的意见领袖在创新扩散过程中扮演着重要角色，意见领袖的采纳行为特别容易被大众所模仿。

罗杰斯还指出，技术创新也存在传播扩散失败的情况。创新事物能否在一个社会系统中扩散开来，取决于早期采纳者数量能否达到临界数量（临界数量一般为潜在采纳者总量的10%～20%），当早期采纳者数量达不到这一临界值，创新技术将无法继续扩散，最终退出市场。[①]

---

① Rogers E. M. Diffusion of Preventive Innovations [J]. *Addictive Behaviors*, 2002, 27: 989–993.

罗杰斯之后，创新扩散理论得到进一步研究和发展。沃尔夫（Wolfe，1994）研究了组织创新采用的问题，归纳出了六个影响扩散的主要创新属性，包括适应性、组织地位、创新类别、影响范围、变革程度和结果的不确定性等①；马勒（Mahler，1999）研究了 392 个德国银行采用 12 项通信服务创新的情况，重点考察临界群体的作用，发现临界群体是银行采用通信服务创新的关键因素，临界群体影响了所有类别潜在采用者对创新的采用决策；韦勒特（Wejnert，2002）研究了创新采纳者的社会属性对采纳决策过程的影响，指出个人、组织、政府机构等不同主体的采纳决策具有不同的特点。创新采纳者的社会经济条件影响他们对创新价值的评价和采用意愿，创新采纳者所处的政治、经济和文化状况影响他们的成本与收益，创新采纳者在社会网络中的位置影响接收到创新信息的早晚和受其他人决策影响的程度。总之，创新采纳者对创新越熟悉，越容易接受创新②。钱伯（Chumber，2002）运用综合创新扩散分析框架对图书馆 IT 创新产品扩散进行了研究，提出：在设计和实施图书馆 IT 创新产品时，要把终端用户纳为系统的一部分。李（Lee，2003）研究了跨度 16 年的 82 种产品创新扩散情况，所得的结论是：创新的变革越大，扩散的范围越广而且扩散速度更快；创新范围越大，扩散速度越快③。杨（Young，2003）利用多代产品创新扩散模型开发出了一种评估创新技术经济价值的新方法，该方法考虑了许多竞争方面的因素，找出了一些扩散过程中可加以控制的因素，大大改进了原有评价方法④。

2.3.2　创新扩散模型及其应用研究

自罗杰斯在 1962 年出版的《创新扩散》一书中提出创新扩散理论以来，创新扩散理论一度成为许多学科领域的研究热点。其中，创新扩散模型的研究更是引起了人们广泛的兴趣，建立在创新扩散模型基础上的实证分析和应用研究不仅揭示了创新扩散的许多规律，拓展了创新扩散的理论基础和研究方法论，而且提供了很多有关创新扩散的较为准确的预测，从而为制定创新扩散策略提供了决策支持。1969 年，Bass 模型⑤的提出具有里程碑式的意义，该模型在后来的实践中

① Wolfe R. A. Organisational Innovation: Review, Critique and Suggested Research Directions [J]. *Journal of Management Studies*, 1994, 31 (3): 405 – 431.

② Wejnert B. Integrating Models of Diffusion of Innovations: A Conceptual Framework [J]. *Annual Review of Sociology*, 2002: 297.

③ Lee H., Smith K. G.; Grimm C. M. The Effect of New Product Radicality and Scope on the Extent and Speed of Innovation Diffusion [J]. *Journal of Management*, 2003, 29: 753 – 768.

④ Young Sohn, Byung Joo Ahn. Multieneration Diffusion Model for Economic Assessment of New Technology [J]. *Technological Forecasting & Social Change*, 2003, 70: 251 – 264.

⑤ Bass F. A New Product Growth Model for Consumer Durables [J]. *Management Science*, 1969, 15 (5): 215 – 227.

得到了广泛的应用。Bass 模型是建立在诸多重要假设基础上的，后来的研究者通过不断放宽假设条件，又相继提出了一系列改进方法和扩展模型。本节拟对 Bass 基本扩散模型、Bass 模型的改进扩展模型及其应用研究进行梳理和综述，并在此基础上提出基于复杂网络的扩散模型。

1. Bass 基本扩散模型

（1）Fourt – Woodlock 模型[①]。

Fourt – Woodlock 模型也称外部影响模型，由弗尔特（Fourt）和伍德劳克（Woodlock）在 1960 年提出。他们通过对一些扩散现象的研究，认为技术创新在潜在市场中的扩散规律可以用下式描述：

$$\frac{dN(t)}{dt} = p\,[\,m - N(t)\,] \tag{2-1}$$

其中，$N(t)$ 为到 t 时刻为止累积采用技术创新的人数（$0 \leqslant N(t) \leqslant m$，$N(0) = 0$）；$m$ 为市场总量，即已采用者和潜在采用者的总数；p 为创新系数（Innovation Coefficient）或外部影响系数（$p > 0$）；$\frac{dN(t)}{dt}$ 为 t 时刻采用创新的人数（扩散速度）。对（2-1）式求解容易得到累积采纳者数为：

$$N(t) = m(1 - e^{-pt}) \tag{2-2}$$

又因为 $\frac{dN(t)}{dt} = mpe^{-pt} > 0$，$\frac{d^2N(t)}{dt^2} = -mp^2e^{-pt} < 0$，所以累积采纳者数 $N(t)$ 曲线上凹递增，即累积采纳者数以递减的速度增长，直至趋向于潜在采纳者总数 m。

该模型仅考虑了外部因素如广告媒体对潜在采用者的影响，没有考虑市场内部人员的直接交流和相互影响，其中主要是已采纳者对潜在采纳者采纳创新的影响。所以此模型只适用于潜在采纳者之间交流很少或影响很小的扩散过程。如，沙斯特利用这一模型研究了 IP 电话使用人数的增长情况[②]。

---

① Fourt L. A, Woodlock J. W. Early Prediction of Market Success for Grocery Products [J]. *Journal of Marketing*, 1960, 25 (2): 31–38.

② Shuster M. S. Diffusion of Network Innovation Implications for Adoption of Internet services [C]. MIT Internet Telephony Consortium Semiannual Meeting, Helsinki, 1998.

（2）Mansfield 模型①。

Mansfield 模型亦称内部影响模型，由曼斯菲尔德在 1961 年提出。曼斯菲尔德通过对十几种工业技术创新的扩散过程进行研究，认为技术创新在潜在市场中的扩散规律可以描述为：

$$\frac{dN(t)}{dt} = \frac{q}{m} N(t) \left[m - N(t) \right] \qquad (2-3)$$

其中，$N(t)$、$\frac{dN(t)}{dt}$、m 的含义与表达式（2-1）中相同；q 为模仿系数（Imitation Coefficient）或内部影响系数（$q > 0$），它反映的是已采用者 $N(t)$ 和未采用者 $\left[m - N(t) \right]$ 之间的相互作用强度。对（2-3）式求解容易得到累积采纳者数：

$$N(t) = \frac{m}{1 - Ce^{-qt}} \qquad (2-4)$$

其中 C 为积分常数。

该模型与 Fourt - Woodlock 模型描述的是两种极端的情况，它描述的扩散过程主要是潜在采纳者模仿已采纳创新者行为的过程，忽略了广告媒体等外部因素对潜在采用者的影响，所以它仅适用于模仿性较强或创新性较弱的扩散过程。该模型在后来也获得了广泛的应用，如弗兰克（Frank）利用此模型对芬兰电信市场的发展进行了预测②，李（Lee）和曹（Cho）用此模型对韩国移动通信产品的扩散进行了实证研究，发现这一模型对数据的拟合效果很好③。

（3）Bass 模型④。

巴斯（Bass）认为外部影响模型和内部影响模型都有其片面性，潜在采纳者行为既会受到外部因素（大众传媒）影响也会受到内部因素（口头信息）影响，因此在描述技术创新扩散规律时应该同时考虑内外两种因素。1969 年，巴斯在

① Mansfield E. Technical Change and the Rate of Imitation [J]. *Econometrica*, 1961, 29 (4): 741 – 766.

② Frank L. D. An Analysis of the Effect of the Economic Situation on Modeling and Forecasting the Diffusion of Wireless Communications in Finland [J]. *Technological Forecasting and Social Change*, 2004, 71 (4): 391 – 403.

③ Lee M., Cho Y. The Diffusion of Mobile Telecommunications Services in Korea [J]. *Applied Economics Letters*, 2007, 14 (7): 477 – 481.

④ Bass F. M., Krishnan T. V., Jain D. C. Why the Bass Model Fits without Decision Variables [J]. *Marketing Science*, 1994, 13 (3): 203 – 223.

对耐用品市场扩散研究的基础上，综合外部影响和内部影响的两个模型，提出了著名的 Bass 模型或称混合影响模型，其表达式为：

$$\frac{dN(t)}{dt} = p\left[m - N(t)\right] + \frac{q}{m}N(t)\left[m - N(t)\right] \qquad (2-5)$$

该表达式中的参数含义均与表达式（2-1）、（2-3）中对应的参数含义相同。（2-5）式右边第一项 $p\left[m - N(t)\right]$ 表示只因受外部因素（大众媒介）影响而采纳创新的人数，巴斯称其为创新者（Innovators）；右边第二项 $\frac{q}{m}N(t)\left[m - N(t)\right]$ 表示只受已采纳创新者影响而采纳创新的人数，巴斯称其为模仿者（Imitators）。对（2-5）式求解容易得到 t 时刻累积采纳者数和 t 时刻采用创新者数（扩散速度）分别为：

$$N(t) = m\left[\frac{1 - e^{-(p+q)t}}{1 + \frac{q}{p}e^{-(p+q)t}}\right] \qquad (2-6)$$

$$\frac{dN(t)}{dt} = m\left[\frac{p\ (p+q)^2\ e^{-(p+q)t}}{(p + qe^{-(p+q)t})^2}\right] \qquad (2-7)$$

Bass 模型所得到的扩散曲线如图 2-1 所示：

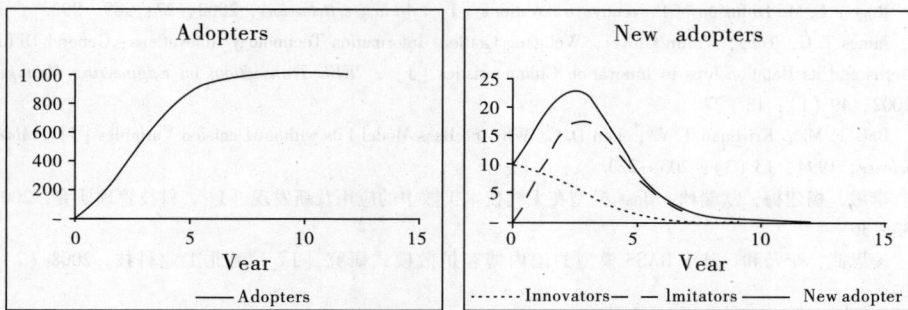

图 2-1　创新扩散示意图

（引自 Frank M. Bass Official, http：//www.bassbasement.org/BassModel/）

扩散速度呈正态分布，累积扩散程度为 S 曲线，与罗杰斯的结论一致①。

显然，Fourt – Woodlock 模型和 Mansfield 模型只是 Bass 模型的两个特例。在 Bass 模型（2 – 5）式中，令内部影响系数 $q = 0$，Bass 模型（2 – 5）就退化为 Fourt – Woodlock 模型（2 – 1）；令外部影响系数 $p = 0$，Bass 模型（2 – 5）就退化为 Mansfield 模型（2 – 3）。这三个模型的一个共同点是：扩散的速度 $\frac{dN(t)}{dt}$ 与潜在采用者的数目 $[m - N(t)]$ 成正比②。Bass 模型的应用研究表明，该模型比前两个模型对市场产品扩散的真实数据拟合得更好③。

Bass 模型受到了营销科学和管理科学等研究领域的广泛关注，并已成为分析研究创新扩散的主要工具。如李敏、杨建梅等运用 Bass 模型对义乌无缝技术的扩散过程进行研究，实证结果表明技术创新是以内部人际沟通为主，内外双重因素影响下获得扩散的④；凌思武、李乃和运用 Bass 模型对国内博客的扩散模式进行了探讨，实证拟合优度较高⑤；哈西奥（Hsiao）等运用 Bass 模型研究了信息扩散对旅游消费模型的影响⑥。2004 年 *Management Science* 期刊的一项统计表明，Bass 发表于 1969 年的论文⑦成为 *Management Science* 期刊 50 年来引用次数最多的十大论文之一（排名第五）。作为一种荣誉，*Management Science* 期刊在当年 12 月的那一期上重刊了 Bass 的这篇论文⑧。同时，Bass 模型也在企业中获得了广泛的应用，在美国，很多企业如 Eastman Kodak、KCA、IBM、AT&T 和 Sears 等公司都已经应用了 Bass 模型，应用的领域涉及零售服务业、工业技术、农业、教育、医药和耐用消费品等多种行业⑨。

---

① Rogers E. M. Diffusion of Preventive Innovations [J]. *Addictive Behaviors*, 2002, 27: 989 – 993.

② James T. C, Teng, Varun Grover, Wolfgang Gottler. Information Technology Innovations: General Diffusion Patterns and its Relationships to Innovation Characteristics [J]. *IEEE Transactions on Engineering Management*, 2002, 49 (1): 13 – 27.

③ Bass F. M., Krishnan T. V., Jain D. C. Why the Bass Model Fits without Decision Variables [J]. *Marketing Science*, 1994, 13 (3): 203 – 223.

④ 李敏，杨建梅，欧瑞秋. Bass 模型在无缝技术扩散中的应用及新发现 [J]. 科技管理研究, 2007 (7): 33 ~ 36.

⑤ 凌思武，李乃和. 基于 BASS 模型的国内博客扩散模式研究 [J]. 河北工业科技, 2008 (7): 203 ~ 207.

⑥ Hsiao J. P. H., Jaw C., Tzung-Cheng Huan. Informaiton Diffusion and New Product Consumption: a Bass Model Application to Tourism Facility Management [J]. *Business Research*, 2009, 62: 690 – 697.

⑦ Bass F. A New Product Growth Model for Consumer Durables [J]. *Management Science*, 1969, 15 (5): 215 – 227.

⑧ Bass F. M. Comments on "A new Product Growth for Model Consumer Durables" [J]. *Management Science*, 2004 (12): 1825 – 1832.

⑨ 申睿. 微博客用户扩散模型及其商业模式研究 [EB/OL]. http://media.people.com.cn/GB/22114/150608/150617/10593277.html. 2009 – 12 – 16/2011 – 08 – 16.

2. Bass 模型的改进和扩展模型

Bass 模型的应用虽然有很多成功的例子，但应用失败（即预测失误，预测结果与实际不符）的例子也不少见。这是因为 Bass 模型的建立有诸多隐含的假设前提，这些假设前提包括：①创新产品的市场潜量不随时间推移而改变；②创新产品的性能不随时间推移而改变；③创新技术之间是相互独立的；④创新采用者是无差异的；⑤创新扩散在同一市场展开或无异域市场差异；⑥扩散过程分为采纳和不采纳两个阶段；⑦无供给约束；⑧扩散过程不受随机因素的影响；⑨创新扩散不受市场营销策略的影响①。然而现实中的许多情形并不完全满足 Bass 模型的这些假设条件。针对 Bass 模型在现实应用中的局限，人们根据研究问题的不同，又提出了许多改进和扩展模型。下面略述一二。

（1）Bass 模型假设创新产品的市场潜量 m 不随时间推移而改变。从长期来看，由于人口数量、市场价格、收入状况都会随时间推移而变化，因此，在涉及时间跨度大、生命周期长的创新扩散问题上，Bass 模型的这一假设显然不尽合理。基于此，一些后续的研究者将市场潜量看作是影响其变化因素的函数②。如卡利斯（Kalish）提出，市场潜量是产品价格和模仿者从口头传播所掌握创新信息的函数 $m(t)$，可描述为：

$$m(t) = m_0 \exp\left\{ -dP(t) \left[(a+1) \left/ \left(a + \frac{N(t)}{m_0}\right)\right)\right]\right\} \qquad (2-8)$$

其中 a，d 为常数，m_0 为初始市场潜量，$P(t)$ 为创新产品价格，$(a+1) \left/ \left(a + \dfrac{N(t)}{m_0}\right)\right.$ 表示口头交流导致创新信息渗透对市场潜量的影响。这样，卡利斯就用变量 $m(t)$ 替代 Bass 模型（2-5）中的常量 m，从而给出了一个 Bass 模型的扩展模型。

（2）Bass 模型假设创新产品的性能不随时间推移而改进，即不考虑由于产品升级所导致的多代产品共存对扩散的影响。事实上，创新产品在市场中不是孤立的，多代产品共存对扩散会相互影响。诺顿和巴斯在 Bass 模型的基础上，提出了基于多代（四代）产品扩散的扩展模型（Norton - Bass 模型）③：

---

① 官建成，张西武. 创新扩散模型的研究进展与展望（上、下）[J]. 科学学与科学技术管理，1995，16（12）：14～18/1996，17（1）：45～49.

② Kalish S. A New Product Adoption Model with Price, Advertising and Uncertainty [J]. *Management Science*, 1985, 31（12）：1569–1585.

③ John A. Norton, Frank M. Bass. A Diffusion Theory Model of Adoption and Substitution for Successive Generations of High Technology Products [J]. *Management Science*, 1987, 33（9）：1069–1086.

$$N_1(t) = F(t_1)m_1[1 - F(t_2)]$$
$$N_2(t) = F(t_2)[m_2 + F(t_1)m_1][1 - F(t_3)]$$
$$N_3(t) = F(t_3)\{m_3 + F(t_2)[m_2 + F(t_1)m_1]\}[1 - F(t_4)] \quad (2-9)$$
$$N_4(t) = F(t_4)\{m_4 + F(t_3)[m_3 + F(t_2)[m_2 + F(t_1)m_1]]\}$$

式中 $N_i(t)$ 为第 i 代产品在 t 时刻的累积采用数，m_i 为第 i 代产品的市场潜量，$F(x) = \dfrac{1 - e^{-\beta x}}{1 + \alpha e^{-\beta x}}$，其中 $\alpha = \dfrac{q}{p}$，$\beta = p + q$，p、q 分别为 Bass 模型中的创新系数和模仿系数。

（3）Bass 模型假设创新技术之间是相互独立的，不同创新技术在同一市场的扩散不会相互影响。事实上，技术创新扩散并不都是独立发生的，相关技术的创新扩散往往会相互影响，如计算机硬件和软件之间的扩散、操作系统软件与应用软件之间的扩散就是相互关联的。针对这种问题，Bayus 用 $[N_t(t) - N_2(t)]$ 来替代 Bass 模型（2-5）中的市场潜量 m，其中 $N_1(t)$，$N_2(t)$ 分别为 t 时刻主要产品和相关产品的累积采纳者数。杨国忠也从放宽 Bass 模型该假设条件入手，提出了多元技术创新之间的互补性、替代性和竞争性关系模型[①]：

$$\frac{dN_i(t)}{dt} = (p_i + q_i\frac{N_i(t)}{m}[m - N_i(t) + \sum_{j=1, j\neq i}^{n}\sigma_j N_j(t)] \quad (i=1, 2, \cdots, n)$$

$$(2-10)$$

其中，$N_i(t)$ 表示 t 时刻累积采用技术创新 i 的人数，m 为市场潜量，p_i、q_i 分别为技术创新 i 在相当于 Bass 模型中的创新系数和模仿系数（$p_i > 0$，$q_i > 0$）。σ_j 为渗透系数，$\sum_{j=1, j\neq i}^{n}\sigma_j N_j(t)$ 表示创新 j 对创新 i 的渗透影响。当 $\sigma_j > 0$ 时，表示 j 对 i 有正向影响；当 $\sigma_j < 0$ 时，表示 j 对 i 有反向影响；当 $\sigma_j = 0$ 时，表示 j 对 i 无影响，即 i 和 j 是相互独立的，这时扩展模型（2-10）退化为 Bass 模型（2-5）。

3. 疾病的传播模型

SIR 模型与 SIS 模型是传染病扩散最典型的两个模型。由于创新扩散过程与疾病传播过程具有相似性，因此 SIR 模型与 SIS 模型也常被用来研究创新扩散的

---

① 杨国忠，柴茂. 基于改进 Bass 模型的多元技术创新扩散研究 [J]. 经济数学, 2011（3）：89~93.

问题。前述的 Mansfield 内部影响模型即是源于 SIR 模型而提出的[①]。在 SIR 模型中，人群被分为三类：易感人群 S（Susceptible）、染病人群 I（Infective）和康复人群 R（Recovery），其中康复人群 R 具有免疫性。若用 s、i、r 分别表示 S、I、R 三类个体占群体的比例（$s+i+r=1$），用 β、γ 分别表示某易感个体染病的概率和某染病个体康复的概率，则疾病传播的 SIR 模型可以表示为：

$$\frac{ds}{dt} = -\beta is, \quad \frac{di}{dt} = \beta is - \gamma i, \quad \frac{dr}{dt} = \gamma i \qquad (2-11)$$

类似的，SIS 模型的微分方程组为：

$$\frac{ds}{dt} = -\beta is + \gamma i, \quad \frac{di}{dt} = \beta is - \gamma i \qquad (2-12)$$

SIS 模型与 SIR 模型的区别是：染病个体康复后不具免疫性，将自动恢复为易感状态[②]。

SIRS 模型所描述的是介于 SIR 模型与 SIS 模型之间的一种情形，即康复人群 R 并不必然自动恢复为易感状态，其恢复为易感状态的概率为 δ。该模型可看作是 SIR 模型的扩展模型，其数学表达式为：

$$\frac{ds}{dt} = -\beta is + \delta r, \quad \frac{di}{dt} = \beta is - \gamma i, \quad \frac{dr}{dt} = \gamma i - \delta r \qquad (2-13)$$

上述传播行为的研究不仅可以用来揭示疾病传播规律从而控制疾病的扩散，而且可以作为分析研究许多其他传播扩散行为的借鉴，比如技术创新的扩散问题。实际上，这种研究已在开展。如，多兹（Dodds）等借此研究了信息传播问题[③]，考恩（Cowan）和乔纳德（Jonard）以此研究了知识传播问题[④]，万阳松分

① Mansfield E. Technical Change and the Rate of Imitation [J]. *Econometrica*, 1961, 29 (4): 741 – 766.

② Hethcote H. W. The Mathematics of Infectious Diseases [J]. *SIAM Review*, 2000, 42 (4): 599 – 653.

③ Dodds P. S., Watts D. J., Sabel C. F. Information Exchange and the Robustness of Organizational Networks [J]. Proc. *Natl. Acad. Sci.* USA, 2003, 100 (21): 12516 – 12521.

④ Cowan R., Jonard N. Network Structure and the Diffusion of Knowledge [J]. *Journal of Economic Dynamics & Control*, 2004, 28 (8): 1557 – 1575.

析了银行间风险的传染①，段文奇借鉴此模型研究了新产品的协同扩散②。事实上，仅就 Bass 扩散模型与 SIR 疾病传播模型的构成机理来看，Bass 模型中的$\frac{q}{m}N(t)[m-N(t)]$项与 SIR 模型中的 βis 项是一致的，所不同的是，Bass 模型还需要考虑外部影响的结果 $p[m-N(t)]$。

创新扩散与疾病传播既有联系又有区别，前者的创新采用者具有一定的主动性并受到外界因素影响，后者的疾病感染者完全是被动的并且只因个体的直接接触而感染；前者的研究目的是为了促进扩散，后者则是为了避免传播。因此，在借鉴疾病传播模型研究技术创新扩散时，既要看到二者的相似性，也要看到二者的差异性。

4. 基于复杂网络的创新扩散模型

已有的研究表明，许多技术创新扩散是以内部个体直接互动为主要途径而实现的，即内部影响因素远大于外部影响因素③，疾病传播更是通过直接接触进行的。因此，在研究传播扩散问题时，域内个体的相互关系和连接状态就是一个不容忽视的问题。也就是说，研究扩散问题一定要有网络的观点，要充分关注个体的社会网络结构对扩散过程的影响。然而，前述的研究大多忽略了网络结构特征的差异，一般都假设个体是同质的，个体网络要么是全连通的规则网络，要么就是用随机网络来描述扩散的动力学过程。然而，大量的研究表明，实际的真实网络大多是介于规则网和随机网之间的复杂网络，它们表现出了既不同于规则网也不同于随机网的结构特征，其中主要是小世界网和无标度网，而复杂网络上的扩散动力学行为表现出了与规则网或随机网明显的差异，这就使得运用前述模型得到的结论难以令人信服。不过，已有学者在对传播问题进行基于复杂网络方面的研究，如杨建梅等研究了病毒式营销在复杂网络上的传播问题④，这对本书很有启发。

本书在 Bass 扩散模型的基础上，同时考虑到扩散网络的结构对扩散过程的影响，参考了疾病在网络上传播的有关文献⑤，提出基于小世界网和无标度网的创新扩散模型如下：

---

① 万阳松. 银行间市场风险传染机制与免疫策略研究［D］. 上海交通大学博士学位论文，2007.

② 段文奇. 网络市场环境下的新产品协同扩散研究［D］. 上海交通大学博士学位论文，2006.

③ 李敏，杨建梅，欧瑞秋. Bass 模型在无缝技术扩散中的应用及新发现［J］. 科技管理研究，2007（7）：33～36.

④ Jianmei Yang, Canzhong Yao, Weicheng Ma, et al. A Study of the Spreading Scheme for Viral Marketing Based on a Complex Network Model［J］. *Physica A*，2010，389（4）：859–870.

⑤ 李光正，史定华. 复杂网络上 SIRS 类疾病传播行为分析［J］. 自然科学进展，2006（4）：508～512.

（1）基于小世界网的扩散模型。

与 Bass 模型相同，仍然认为创新的潜在采纳者行为同时受到外部因素（大众传媒）和内部因素（口头信息）的共同影响。在这里，某个体节点的内部影响因素主要取决于该个体节点的度及其邻居节点的属性。由于小世界网存在特征标度，亦可视作为均匀网络。若用 $\langle k \rangle$ 表示网络平均度，m 表示网络规模，α 表示外部影响系数（$\alpha > 0$），β 表示某潜在采纳者与已采纳者互动后采纳创新的概率，$N(t)$ 表示到 t 时刻为止累积采用技术创新的人数（$0 \leqslant N(t) \leqslant m$），$\dfrac{dN(t)}{dt}$ 为 t 时刻采用创新的人数（扩散速度）。则模型的表达式为：

$$\frac{dN(t)}{dt} = \alpha \ [\ m - N(t)\ ] \ + \beta \ \langle k \rangle \ \frac{N(t)}{m} \ [\ m - N(t)\ ] \qquad (2-14)$$

若令 $F(t) = \dfrac{N(t)}{m}$，表示已采纳者占总体的比例，则（2-14）可改写为：

$$\frac{dF(t)}{dt} = \alpha \ [\ 1 - F(t)\ ] + \beta \ \langle k \rangle F(t) [\ 1 - F\ (t)\ ] \qquad (2-15)$$

显然，$\dfrac{dF(t)}{dt} > 0$，且由（2-15）容易求得拐点为 $\Big[\dfrac{ln\beta \ \langle k \rangle \ - ln\alpha}{\alpha + \beta \ \langle k \rangle}$，$\dfrac{1}{2} \ (1 - \dfrac{\alpha}{\beta \ \langle k \rangle})\Big]$。可见，扩散曲线符合 S 曲线，网络平均度越大，传播速度越快，达到峰值的时间越短。

（2）基于无标度网的扩散模型。

无标度网络属于非均匀网络，度分布呈幂律形式，不存在特征标度，平均度 $\langle k \rangle$ 不再是网络的特征表示，因此在建立扩散模型时必须考虑节点度的非均匀性。在度为 k 的所有节点中，设已采纳者节点占度为 k 节点总数的相对比例为 $F_k(t)$，而整个网络已采纳者节点占网络总体节点的比例为 $F(t) = \sum\limits_k F_k(t)p(k)$，其中 $p(k)$ 为度分布函数；$\theta(t) = \dfrac{1}{\langle k \rangle} \sum\limits_k kp(k)F_k(t)$ 表示 t 时刻网络中任一条随机边与已采纳者节点相连的概率。则无标度网络扩散模型的表达式为：

$$\frac{dF\ (t)}{dt} = \alpha \ [\ 1 - F\ (t)\ ] \ + \ \sum\limits_k \beta k\theta(t) \ [\ 1 - F_k(t)\ ] \qquad (2-16)$$

其中 α、β 的含义与 (2-15) 式相同。

创新扩散模型的研究基本上是围绕着大众媒体和人际关系网络这两种传播渠道展开的，是对这两种传播渠道扩散规律的宏观描述，这些研究在一定程度上揭示了传播扩散的规律，具有一定的理论合理性和应用有效性。然而，创新扩散是一个极其复杂的过程，个体是否采用某种创新是一种理性的决策行为，是个体在学习、互动（Interaction）中所作出的理性选择，这种决策过程是一个通过大众媒体或人际网络首先获得创新信息，其次形成对创新的认知和态度，然后决定是否采用，最后确认决策的心智过程。因此，在研究传播扩散问题时，就不应忽视对论域内主体行为的分析，不能忽略社会系统个体间复杂相互作用的微观基础。所以，只注重宏观层面的扩散模型就存在一定的局限性。尽管本研究提出的基于复杂网络的扩散模型注意到了人际传播的微观层面，但也是过于笼统的，更没有涉及对于个体的主体性和心理分析，这也是后续研究需要探讨的问题。尽管如此，复杂网络的理论和方法仍然为研究创新扩散问题提供了一个从微观主体行为过渡到系统宏观行为的理论框架，而且已有许多学者正在尝试和倡导运用复杂系统理论和方法来研究新产品扩散问题。[①]

2.4　知识产权理论

2.4.1　知识产权与知识产权保护

知识产权是一个外来词，英文是"Intellectual Property"，原意为"知识（财产）所有权"或者"智慧（财产）所有权"，也称为"智力成果权"。在中国台湾，Intellectual Property 就被翻译为"智慧财产权"。知识产权是一个涉及多学科的概念，就经济学角度而言，它是指以版权、专利权和商标权为核心，以某种技术、知识或特殊权利形式而存在并能够产生收益或价值的经济资源。著作权一般是指著作权人对其文学作品享有的署名、发表、使用以及获得报酬和许可他人使用等的权利，但在知识产权管理实践中，外观设计等创新过程往往也被登记为版权而进行保护；专利权和商标权也常常被统称作工业产权，包括发明专利、实用新型专利、外观设计专利、商标、服务标记、厂商名称、货源名称或原产地名称等的独占权利。从法学角度来说，知识产权是指公民或法人依据法律的规定，对

① Jackson M. O., Rogers B. W. Relating Network Structure to Diffusion Properties through Stochastic Dominance [J]. *Advances in Theoretical Economics*, 2007, 7 (1): 1-13. Jackson M. O., Yariv L. Diffusion of Behavior and Equilibrium Properties in Network Games [J]. *American Economic Review* (Papaers and Proceedings), 2007, 97 (2): 92-98. 赵正龙. 基于复杂社会网络的创新扩散模型研究 [D]. 上海交通大学博士学位论文, 2008.

其在科学、技术、文学艺术等领域从事智力活动创造的知识产品所享有的专有权利以及从事生产经营活动的公民和法人依法对其标记所有的权利的总称。中国著名知识产权专家郑成思认为，"知识产权指的是人们可以就人类智力创造的成果所依法享有的专有权利"①。《中华人民共和国民法通则》中规定了六种知识产权类型，即著作权、专利权、商标权、发现权、发明权和其他科技成果权，并规定了知识产权的民法保护制度；《中华人民共和国刑法》中也确定了知识产权犯罪的有关内容，从而规范了中国知识产权的刑法保护制度；此外，《中华人民共和国专利法》、《中华人民共和国商标法》、《中华人民共和国著作权法》、《发明奖励条例》等单行法和行政法规也都对相关的知识产权作了规定。总体而言，知识产权可定义为人类智力劳动产生的智力劳动成果所有权，它是依照各国法律赋予符合条件的著作者、发明者或成果拥有者在一定期限和一定地域内享有的独占权利。

知识产权具有无形性、可复制性、专有性、法定性、双重性、时间性和地域性等特征。知识产权的无形性是指知识产权的客体是智力成果，这种智力成果常常表现为一种思想或方法，但它又与思想的载体不同，与一切有形财产及人们就有形财产享有的权利不同；可复制性指知识产权智力成果可以通过一定的手段被复制和被重复利用；专有性是指知识产权作为权利人的一项排他性权利而存在的，只有权利人才能享有，他人不经权利人许可不得行使其权利；法定性指知识产权需经法定程序被国家有关机关认可后才能受到法律保护（著作权除外）；双重性是指知识产权既具有人身方面的权利又具有财产方面的权利，知识产权取得的利益既有经济性质的也有非经济性的；时间性是指知识产权有一定时期的法定保护期，过了保护期就进入共有领域，权利自动终止；地域性是指除签有国际公约或双边、多边协定外，依一国法律在一国所获得的知识产权，只能在该国范围内有效。

知识产权保护指依照现行法律法规，对侵犯知识产权的行为进行制止和打击，以保护知识产权所有者的产权权益。具体体现为：阻止和打击假冒伪劣产品，阻止和打击商标侵权、专利侵权、版权侵权等行为。

随着知识产权在国际经济竞争中的作用日益上升，越来越多的国家都纷纷制定和实施了知识产权战略，很多国家把知识产权从原来的法律范畴提升到国家发展战略的高度，把强化知识产权保护和提高创新能力作为提高其在科技、经济领域竞争优势的一项重要措施②。例如，日本于 2002 年相继出台了《知识产权战略大纲》和《知识产权基本法》，将其"技术立国"的国策修改为"知识产权立

---

① 郑成思. 知识产权与国际贸易 ［M］. 北京：人民出版社，1995. 21.
② 朱雪忠. 知识产权协调保护战略 ［M］. 北京：知识产权出版社，2005.

国"，第二年又由首相亲自挂帅，成立"日本知识产权战略会议"，内阁专门设立"知识产权战略保护部"，制定了《有关知识产权创造、保护及其利用的推进计划》①。韩国也在积极实施保护知识产权战略，在加强知识产权立法的同时，颁布了《科技创新特别法》，鼓励自主创新，发展自主知识产权②。中国的知识产权保护，特别是专利制度，近30年来也在不断发展，取得了一定的成就。20世纪80年代以来，中国先后制定和颁布实施了《专利法》、《商标法》、《著作权法》、《计算机软件保护条例》等20多部有关知识产权保护方面的法律法规，使中国知识产权保护的法律法规体系不断趋于完善。"十六大"报告中提出"完善知识产权保护制度"，"十七大"的表述变为"实施知识产权战略"。可见，我国对知识产权的认识也在不断深化，知识产权工作重点正在实现从单一"保护"到全面"战略"的跨越。但由于知识产权制度在我国运行的时间不长，因此与发达国家相比，我国的知识产权资源储备不足，综合能力不强，保护意识较弱，保护力度不够，司法实践中法律的执行往往存在折扣。

2.4.2 知识产权管理的有关理论

知识产权管理是指国家政府在知识产权战略、知识产权立法和知识产权保护等方面施加影响，以维护知识产权人的合法权益而进行的行政及司法活动，以及知识产权权利主体为使其智力成果发挥最大的经济效益和社会效益而制定各项规章制度、采取相应措施和策略的经营活动。

根据管理主体的不同，知识产权管理可分为两个层次：一是政府层次（包括国家政府和地方政府）对知识产权的管理，主要从知识产权的取得和保护方面进行，包括制定知识产权战略和相关法律法规，制定相关配套政策，开展知识产权公共服务，提供信息检索、分析、交易平台等内容；二是知识产权权利主体层次对其所有的知识产权的管理，这些权利主体涵盖个人、企业、高校及科研机构等，主要从知识产权的合理开发、应用、推广、自我保护等方面考虑，包括知识产权的申请、评价、保护、经营和产业化等方面。政府层次的知识产权管理属于宏观层面，通过制定法律和政策为权利主体提供保障；知识产权权利主体层次的知识产权管理属于微观层面，是权利主体运用国家现行制度所采取的创造和运用知识产权的战略与行为。本书主要讨论企业和产业集群层面的知识产权管理问题。

知识产权管理是一个涉及知识产权战略制定、制度设计、流程监控、运用实施、人员培训和创新整合等一系列管理行为的系统工程，其内容包括知识产权创

---

① 康洛奎. 日本"知识产权战略推进计划"的启示 [J]. 电工知识产权, 2004 (4)：19～22.
② 刘仁豪, 张学全, 姜启安. 区域知识产权战略 [M]. 北京：知识产权出版社, 2005. 47～134.

造、知识产权运营和知识产权保护等方面。从国家宏观管理的角度看，知识产权的制度立法、司法保护、行政许可、行政执法和政策制定也都可纳入知识产权宏观管理的范畴；从企业管理的角度看，企业知识产权的产生、实施和维权都离不开对知识产权的有效管理。

知识产权管理的作用也可以从国家、地方政府及企业几个方面来分析。从国家层面看，知识产权制度的建立有利于完善我国的社会主义市场经济体制，有利于完善我国的法律体系，对于推动智力成果迅速转化为现实生产力从而提高国家竞争力也具有重要的积极意义。著作权、专利权、商标权及植物新品种等知识产权，都需要国家知识产权行政管理机关依法代表国家向申请人授予相应的知识产权。诺斯认为"市场规模扩大以及发明的产权得到更好的界定，从而在提高了创新收益率的同时，创新成本得到了根本性的降低，正是这样一系列变化为联结技术的真正技术革命——第二次经济革命——铺平了道路"①。知识产权目前已经成为各国市场体制的保障制度，是国家经济得以增长的基本保证。从地方政府层面看，地方政府的知识产权鼓励政策有利于促进地方知识产权的创造，提高地方产业的技术水平和市场竞争力。目前，各地政府为了提高本地区的知识产权数量和质量，结合本地的实际出台了各具特色的鼓励政策，如设立专利申请资助资金、建立快捷的知识产权维权中心等。从企业层面看，知识产权管理可以使创新的目标更加明确，提高创新研发的起点，避免低水平重复研究，提高发明人、设计人的创新积极性。企业知识产权管理的主要任务之一就是确立企业知识产权战略，并依此制定企业知识产权发展的目标和方针，规划知识产权的研发、申请和运用推广，通过加强知识产权信息管理，建立和完善与本企业研发和生产领域相关的专利信息数据库，充分运用专利文献信息，及时了解与本企业相关的国内外技术动态，避免低水平重复研究，节约人力和资金、资源。企业的知识产权管理还有助于建立企业内部合理的知识产权利益分配与奖励制度，最大限度地调动职务发明人的积极性，充分发挥职务发明人的聪明才智，避免人才、技术流失。

需要指出的是，知识产权的过度保护也会产生负面的影响，这就是技术垄断。迈克尔·赫勒在《困局经济学》一书中提出："私人所有者大多会避免过度使用，因为保护和留存自身掌握的资源，与个人的利益息息相关。遗憾的是，私有化也会过火。有时候，我们为一种资源创造了太多的所有者，人人都可以禁止他人使用，合作搞不成，资源被浪费。困局即是悖论：私有产权能提高社会福利，过多的所有权却造成反效果——破坏市场，阻碍创新，耗费生命。诸如IBM、塞莱拉和百时美施贵宝等明智的企业已经洞察了困局的无形成本。这些世

---

① ［美］道格拉斯·C.诺思.经济史中的结构与变迁［M］.陈郁，罗华平等译.上海：上海三联书店，1991.180.

界最强大的企业干脆不再浪费精力整合支离破碎的所有权，而是直接放弃公司资产，重新到阻力较少的领域进行投资。创新的机会无声无息地溜走了。"① 赫勒在书中举例说明了他的这一观点：百时美施贵宝公司的科学家研发了一种治疗阿尔茨海默病的新药，但不能上市出售，除非公司能买下几十种专利的使用权。任何一位专利持有人都可以信口索价，有些干脆不答应这笔交易，这导致百时美施贵宝公司最终终止了这种新药的生产。原本可以拯救上百万条生命、赚取数十亿美元的新药，就这么束之高阁了。

2.4.3　技术创新与知识产权保护

如前所述，知识产权制度就是对知识创新、技术发明等智力成果的主体所有者权益的一种法律保护制度。知识产权保护与技术创新之间有着密切的内在联系：技术创新主体的权益保护需求催生了知识产权保护制度的建立、完善和发展；而知识产权保护制度反过来又对进一步的技术创新起着引导、保护、激励和加速的促进作用。两者之间形成了一种相互促进的良性循环机制。

首先，技术创新推动了知识产权制度的建立和发展。从世界技术创新与知识产权制度发展的历史来看，第一次技术革命发源于英国，与之相适应，英国也是世界上最早实行知识产权制度的国家，英国于 1623 年颁布的《垄断法》堪称现代专利法的鼻祖；美国和德国是世界第二次技术革命的中心，相应的，美国于 1790 年颁布了被认为是世界上最系统、最全面的《专利法》。目前美国和德国是世界上公认的实行知识产权制度较好的国家；20 世纪中叶，第三次技术革命于从美国开始，后来扩展到西欧和日本，西欧也是世界上实行知识产权制度较早的地区之一，而日本则被认为是实行知识产权制度最为成功的国家。随着技术创新的国际化发展，世界知识产权组织和相关的知识产权国际公约应运而生，如 1893 年成立的国际知识产权保护联合局，1967 年在斯德哥尔摩成立的世界知识产权组织（该组织于 1974 年成为联合国专门机构之一）等，比较重要的知识产权国际公约有《保护工业产权巴黎公约》、《保护文学和艺术作品伯尔尼公约》、《世界版权公约》、《专利合作条约》、《商标注册条约》和《商标国际注册马德里协定》等。技术创新的推动，使得知识产权制度不断获得发展和完善，世界上已有 170 多个国家建立了知识产权保护制度②。

其次，知识产权保护制度的建立和发展对技术创新产生激励和催化作用。技术创新是一项具有探索性和创造性的复杂脑力劳动，需要较高的投入和承担较大的风险。创新者之所以愿意投入资金和精力并甘愿冒着失败的风险进行探索性创

---

① ［美］迈克尔·赫勒. 困局经济学［M］. 闫佳译. 北京：机械工业出版社，2009.

② 陈美章. 技术创新与知识产权保护［J］. 科技成果纵横，2005（3）：17～20.

新，主要动力来自于创新成果的专有垄断权所可能带来的巨大收益，而知识产权保护制度的建立能够通过国家法律的形式为创新主体提供这种创新成果的专有垄断权，从而保证知识产权权利人的超额垄断利润，对创新者以激励。没有知识产权保护制度，就没有创新者的创新积极性。正如波斯纳所说，如果生产厂商预见到无法补偿其发明成本，他开始就不会去从事发明，在一个没有知识产权保护的世界里，创新技术可能长期处于被保密状态而无法最大限度地发挥作用，正如完全无财产权会使生产偏向预先投资最小化的产品。① 同时，知识产权制度不仅能为技术创新提供利益激励和法律保证，也能够为合理配置技术创新资源，正确选择技术创新方向提供科学的信息指导。知识产权专利制度采用先申请原则，促使发明创造尽早申请和公开，且允许和鼓励他人在该技术基础上进一步创新和开发。因此，其他技术创新者可以通过专利信息平台对已有专利进行检索，了解和把握国内外最新技术创新的水平和动向，从而选择正确的技术创新的方向和途径，有效地配置技术创新资源，提高技术创新的起点和水平，避免人力、财力、物力的浪费。据有关资料统计，运用现代的信息技术可以达到减少创新时间90%，降低成本75%，减少风险60%的效果②。

2.5 小 结

本章主要为文献研究与文献述评，论述了本书研究的理论基础，具体阐述了产业集群的概念和内涵、产业集群的特征和分类，回顾了几种主要的产业集群理论并对其进行了简要的述评，重点论述了新产业区理论、波特的产业集群竞争优势理论、产业集群的社会网络理论以及产业集群研究的网络分析方法；综述了技术创新理论，重点梳理了国内外有关技术创新动力理论的研究进展，重点述评了技术推动模式、市场需求拉动模式、技术—市场双重动力模式、技术轨道模式、需求—资源（N－R）瓶颈驱动模式等几种国外的技术创新动力理论以及 EPNR综合模型、数理分析模型、内外动力协同模型、期望理论模型、"企业家—环境（E－E）"模型、"期望—风险内驱动力机制"模型等几种国内的技术创新动力模型；回顾了创新扩散理论，重点论述了创新扩散模型及其应用，提出了基于复杂网络的创新扩散模型；阐述了知识产权及知识产权保护的有关概念，论述了知识产权管理理论，分析了技术创新与知识产权保护的内在联系。

---

① ［美］理查德·A. 波斯纳. 法律的经济分析（上）［M］. 蒋兆康译. 北京：中国大百科全书出版社，1997. 47.

② 陈美章. 技术创新与知识产权保护［J］. 科技成果纵横，2005（3）：17～20.

第 3 章

概念模型与理论假设

本章首先阐释了本书中所提出的概念模型的理论基础，着重论述本研究理论模型和理论假设的立论依据，这些理论包括理性行为理论与计划行为理论、动机理论与期望理论以及技术创新与产业集群竞争力理论等；然后论述了方法论基础，阐述了本书所采用的实证研究方法，体现了归纳和演绎相结合、证实和证伪相统一的方法论特点；接着阐明了本书研究的实践调查基础，介绍了研究对象和调查方式，并对调查结果进行了质性分析，提出了 8 个质性分析命题；最后在分析本研究问题立论依据的基础上，提出了潜变量结构的概念模型，进而提出了本研究的理论假设。

3.1　概念模型的理论基础

关于企业技术创新动力（动机）的研究由来已久，但是将技术创新动机和行为联系起来，并在产业集群的背景下研究它们之间的关系，进而探讨企业技术创新对企业及产业集群竞争力的影响，同时关注知识产权保护这一变量在其中所扮演的角色，应该还是一个较新的课题。理顺技术创新动力、技术创新行为、知识产权保护以及企业和集群竞争力各变量之间的关系及其相互作用机制，不仅需要新的探索，更需要有理论基础作为支撑。本章深入研究了动机理论、行为理论以及竞争力理论的有关文献，认为理性行为理论与计划行为理论、动机理论与期望理论、技术创新与产业集群竞争力理论等以及上一章所述的理论可作为本书研究理论模型与假设提出的立论依据和理论基础。

3.1.1　理性行为理论与计划行为理论

理性行为理论（Theory of Reasoned Action，TRA），也译作"理性行动理论"，是由美国学者菲什拜因和阿耶兹（Fishbein & Ajzen，1975，1980）共同提出的①。该理论从社会心理学的角度出发，分析了行为态度（Attitude towards the Behavior）和主观规范（Subjective Norm）对行为意向（Behavior Intention）进而对行为（Behavior）的影响，其基本假设是认为人都是理性的，个体在发生某一行为之前都会综合各种信息来考虑自身行为的意义和后果，个体的行为在一定程度上可以由其行为意向合理地推断，而个体的行为意向又是由行为态度和主观规范决定的。行为意向是指个体采取特定行为的行动倾向或可能性，是任何行为表现的必需过程，为行为发生前的决定；行为态度是个体对其行为结果的认知和对行为结果价值的估计，它是由对行为结果的主要信念以及对这种结果重要程度的估计所决定的；主观规范是指个体对社会规范的认知及其对他人认同与否的感知，是由个体对他人认为应该如何做的信任程度以及自己对与他人意见保持一致的动机水平所决定的。行为态度和主观规范结合起来，便产生了行为意向，并最终导致个体行为（或行动）的改变②。TRA 的理论模型如图 3 - 1 所示。

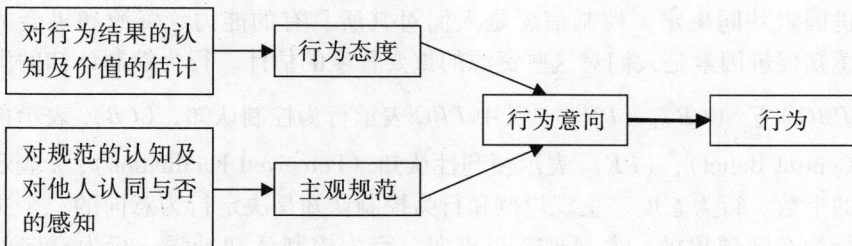

图 3 - 1　理性行为理论（TRA）模型
资料来源：Fishbein & Ajzen（1975，p. 16）

而就具体测量而言，行为意向的测量总公式为：$B \sim I = (A_B) w_1 + (SN) w_2$，其中，$B$ 表示行为，I 表示行为意向，A_B 表示行为态度，SN 表示主观规范，w_1、w_2 表示相对应的权重。行为态度 A_B 又可以由公式 $A_B = \sum_{i=1}^{n} b_i e_i$ 来测量，其中 b_i 表示相信采取行为 B 将会产生的后果 i，e_i 表示对后果 i 的评估，n 表示相信产生后果的个数；测量主观规范 SN 的公式为 $SN = \sum_{j=1}^{m} b_j m_j$，其中 b_j 表示相信

---

① Fishbein M. , Ajzen I. *Belief, Attitude, Intention and Behavior: an Introduction to Theory and Research* [M]. MA: Addison - Wesley, 1975. Ajzen I. , Fishbein M. *Understanding Attitudes and Predicting Social Behavior* [M]. NJ: Prentice - Hall. 1980.

② Fishbein M. , Ajzen I. *Belief, Attitude, Intention and Behavior: an Introduction to Theory and Research* [M]. MA: Addison - Wesley, 1975.

特定的人物或团体 j 对采取行为 B 的期待，m_j 表示试图服从 j 的期待的做法，m 表示期待的个数。①

理性行为理论从行为主体的内在因素出发，为个体行为的原因给出了一个合理的解释，这使得人们对行为的合理性产生有了一个清晰的认识。但该理论有一个重要的隐含假设前提——人有完全控制自己行为的能力，它认为任何其他因素都只能通过主体的行为态度和主观规范这两个内在因素间接地影响主体的行为。事实上，在组织环境下，个体的行为常常要受到管理干预以及外部环境的制约。

阿耶兹（1991）在其后续的研究中就发现，人的行为并不是百分百地出于自愿，而是常常会处于控制之下。因此，阿耶兹在理性行为理论的基础上，又引入了"行为控制认知"（Perceived Behavior Control）这一变量，从而将原来的理性行为理论发展成为新的"计划行为理论"（Theory of Planned Behavior, TPB）②。该理论认为，行为意向除了由态度和主观规范决定之外，还会受到行为控制认知的影响。行为控制认知是个体对其行为进行控制的感知程度，由控制信念认知和感知促进因素共同决定。控制信念是人们对其所具有的能力、资源和机会的感知，而感知促进因素是人们对这些资源的重要程度的估计。行为控制认知的测量公式为 $PBC = \sum_{k=1}^{k} (CB)_k (PF)_k$，其中 PBC 表示行为控制认知，$(CB)_k$ 表示控制信念（Control Belief），$(PF)_k$ 表示便利性认知（Perceived Facilitation），k 表示控制信念的个数。行为态度、主观规范和行为控制认知是决定行为意向的三个主要变量，行为态度越积极、主观规范越正向、行为控制认知越强，行为意向就越大，反之就越小；行为态度、主观规范和行为控制认知从概念上可完全区分开来，但有时它们可能拥有共同的信念基础，因此，它们既彼此独立，又两两相关。准确的行为控制认知反映了实际控制条件的状况，所以它可作为实际控制条件的替代测量指标，直接预测行为发生的可能性，预测的准确性依赖于知觉行为控制的真实程度。TPB 的理论模型如图 3-2 所示：

① Fishbein M., Ajzen I. *Belief, Attitude, Intention and Behavior: an Introduction to Theory and Research* [M]. MA: Addison - Wesley, 1975.

② Ajzen I., Fishbein M. *Understanding Attitudes and Predicting Social Behavior* [M]. NJ: Prentice - Hall, 1980.

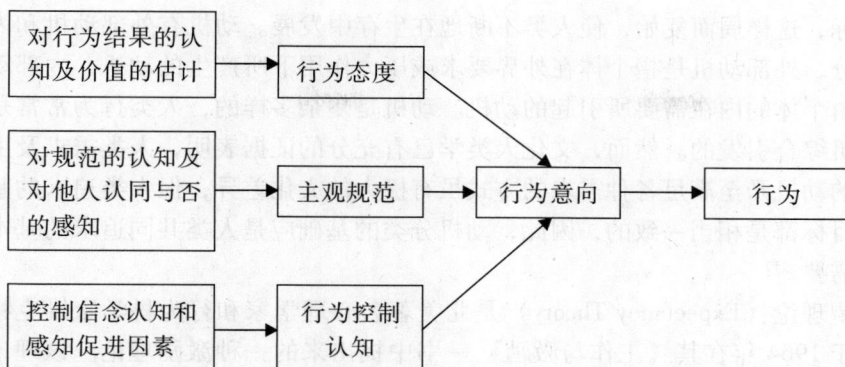

图 3-2　计划行为理论（TPB）模型
资料来源：Ajzen（1991）

阿耶兹还就计划行为理论在应用时的测量方法给出了具体建议，提出了需要遵循的"一致性原则"（The Principle of Compatibility），即所有研究变量的测量必须包含相同的行为元素，所测量的行为也应与其真实条件下发生的行为一致，否则就会犯评估不一致的错误，容易混淆或低估变量之间的关系。另外，阿耶兹还设计出了一套计划行为理论研究的问卷模式供研究者们参考，该问卷模式包含整体的直接测量和基于信念的测量，所有测量项目均采用 Likert 等级评分法，其中态度的直接测量使用语义区分法[①]。

3.1.2　动机理论与期望理论

动机和激励是动机理论中两个最基本的概念。动机（Motivation）在心理学上一般被认为涉及行为的发端、方向、强度和持续性。"Motivation"作为动词时则多称作"激励"（Motivating）。在组织行为学中，激励主要是指激发人的动机的心理过程。通过激发和鼓励，人们产生一种内在的驱动力，驱使行为朝着所期望的目标前进。

动机理论是指心理学家对动机概念所作的理论性与系统性的解释，这种解释有助于揭示行为动机的本质及其产生机制。动机理论认为，需要是指人们对某种目标的渴求和欲望，需要是一个人产生动机的根本原因。需要激发动机，动机诱导行为，行为达成目标。当现有目标达成之后，又会产生新的需要，动机、行

---

① Ajzen I. The Theory of Planned Behavior［J］. *Organizational Behavior and Human Decision Processes*, 1991, 50: 179-211. 段文婷, 江光荣. 计划行为理论述评［J］. 心理科学进展, 2008, 16（2）: 315~320.

为、目标，这样周而复始，使人类不断地在生存中发展。动机有外部动机和内部动机之分，外部动机是指个体在外界要求或压力作用下所产生的动机，内部动机则是指由个体的内在需要所引起的动机。动机是复杂多样的，人类行为常常是由多种动机综合引发的。然而，文化人类学已有充分的证据表明，人类需求及由需求激发的动机乃至满足各种需求的方式虽有极大的文化差异，但人类追求的基本或终极目标都是相当一致的，因此，动机分类的基础应是人类共同追求的基本的目标或需要。①

期望理论（Expectancy Theory）是北美著名心理学家和行为科学家维克特·弗鲁姆于 1964 年在其《工作与激励》一书中提出来的一种激励理论。该理论以需要动机理论为基础，认为任何对行为激励的解释，不但要考虑预期的目标，也要考虑为实现目标所采取的行动。弗鲁姆认为，人总是渴求满足一定的需要并设法达到一定的目标，当目标尚未实现时，它表现为一种期望，这种目标期望会反过来对行为动机产生一种激励（Motivating），激励力量的大小取决于目标价值（效价，Valence）和期望概率（期望值，Expectancy）的乘积。用公式表示就是：$M = V \times E$。其中 M 表示激励力的大小，是指激发人内部潜力的强度；V 表示目标价值（效价），是指达到目标对于满足个人需要的价值；E 是期望概率（期望值），是人们根据过去经验判断自己达到某种目标可能性的大小，即能够达到目标的概率。这个公式说明：假如一个人把某种目标的价值看得很大，估计能实现的概率也很高，那么这个目标激发动机的力量就越强烈。②

效价和期望值所衡量的主要是主体内在的主观判断，还有一些外在的客观因素对行为动机也有很大的影响。后经改进，弗鲁姆的期望公式扩展为：$M = V \times E \times I$（动机 = 效价 × 期望值 × 工具性）。这里的工具性（Instrumentality）是指环境、快捷方式、任务工具等外在的因素。期望理论扩展模型如图 3 - 3 所示。

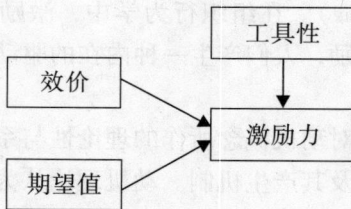

图 3 - 3　期望理论扩展模型③

①　[美] 亚伯拉罕·马斯洛. 动机与人格 [M]. 许金声译. 北京：中国人民大学出版社，2007.
②　Victor H. Vroom. *Work and Motivation* [M]. Rev. ed. Hoboken：Jossey - Bass Classics，1995.
③　Victor H. Vroom. *Work and Motivation* [M]. Rev. ed. Hoboken：Jossey - Bass Classics，1995.

3.1.3　技术创新与产业集群竞争力理论

1. 技术创新与企业竞争力

竞争力概念的提出可追溯到 20 世纪 80 年代世界经济论坛（World Economic Forum，WEF）的专题讨论。1985 年形成的《关于竞争力的报告》指出，"国际竞争力"是"企业主目前和未来在各自的环境中以比它们国内和国外的竞争者更有吸引力的价格和质量来进行设计生产并销售货物以及提供服务的能力和机会"[①]。这应该是关于竞争力概念较早的官方表述。美国哈佛商学院教授迈克尔·波特的《竞争战略》（1980）、《竞争优势》（1985）和《国家竞争优势》（1990）在世界范围内产生了重要影响，这使他成为公认的产业竞争力理论的创始人。已有文献通常将竞争力分为企业、产业、区域与国家竞争力四个层次，其中企业竞争力是四个层次中最为基础的[②]。本书主要论及企业和产业（集群）层面的竞争力。

企业竞争力是指在竞争性市场条件下，企业通过培育自身资源和能力，有效地向市场提供产品和服务，在为顾客创造价值的基础上，实现赢利和自身价值，并提高自身发展的综合能力和素质。一般认为，企业竞争力主要来源于其产品的价格优势、质量优势、品牌优势、差异化及技术创新能力等几个方面，其中技术创新能力属于企业核心竞争力的关键因素。在世界经济正由传统工业经济向现代知识经济转换的今天，低成本作为企业的主要竞争优势正在逐渐丧失，技术创新这一企业核心竞争力的关键因素正受到越来越多的重视，企业间的竞争也就逐渐从价格竞争转向技术创新能力的竞争。

技术创新是企业获取市场份额和市场利润，进而获得持续竞争力的基础。企业在竞争中的良好表现需要靠企业良好的产品质量、品牌形象以及产品服务差异化等的支撑，而这一切无不需要先进技术的支持。技术创新将有利于企业核心技术的升级，有利于创新技术的商业化扩散，有利于构筑行业进入壁垒和优化企业竞争环境，从而有效地提高企业的市场竞争力。

企业创新能力是企业竞争力的主要因素和重要体现，二者互相促进、相辅相成。企业竞争力的增强又会反过来促进企业技术创新能力的提高。首先，企业竞争力的提升，可以加大企业技术创新的资源投入，保证技术创新所必需的财力、物力和人力资源供给；其次，企业竞争力的提升，可以利用有限资源不断获取外部利益，营造企业内部良好的技术创新环境，提高企业的研发水平；再次，企业

---

① 魏大鹏，张慧毅. 技术进步、制度安排与产业竞争力生成能力 [J]. 科学学与科学技术管理，2011，32（1）：116～122.

② Porter M. E. Clusters and the New Economics of Competition [J]. *Harvard Business Review*, 1998.

竞争力的提升，可以促使企业外部竞争环境发生变化，提升整个行业的科技水平，进而成为企业进一步技术创新的动力。

2. 技术创新与产业集群竞争力

波特在其竞争优势理论中列举了竞争力的四个层次：企业竞争力、产业竞争力、产业集群或区域竞争力、国家竞争力。其中产业集群作为企业与市场之间的一种经济组织形式，在提升各层次竞争力方面发挥着至关重要的作用。近30年来世界范围内产业集群在带动地方经济发展和促进区域经济增长的成功实践，使得产业集群层次的竞争已开始代替企业竞争成为如今经济发展的主流，产业集群竞争力方面的研究也逐渐成为热点。波特没有直接给"产业竞争力"一个简单明了的定义，但他从企业和产业的角度探讨了二者与国家竞争力的关系。波特认为，国家竞争力取决于产业和企业的竞争优势，而产业和企业的竞争优势又取决于"国家环境"①。国内对产业竞争力的研究始于20世纪90年代，金碚（2003，2007，2009）提出了比较生产力的概念，认为特定产业的国际竞争力就是该产业相对于外国竞争对手的比较生产力，国际竞争力的核心是比较生产力，国际竞争的实质就是比较生产力的竞争。② 裴长洪（2007）提出了比较竞争优势和绝对竞争优势的概念，认为产业竞争力等于属地产业的比较优势和它的一般市场绝对竞争优势之和。③ 卢照坤（2010）提出了产业竞争力生成能力的概念，认为产业竞争力的生成能力，体现为制度的演化与变迁。④ 陈立敏等（2009）基于产业竞争力的层次观点，初步构造了产业国际竞争力的评价体系。⑤ 魏大鹏和张慧毅也提出了竞争力生成能力概念，并从国家战略的高度论述了促进竞争力生成能力提升的制度安排，认为中国只有努力培养和发展"有利于形成竞争力生成能力"的自主技术，寻找到有利于消化、积累和创新技术的制度体系安排，才能从根本上促进竞争力生成能力的提升，保证我国国家经济安全。⑥ 虽然国内外文献目前对产业集群竞争力的概念还缺乏统一的定义，有关产业集群竞争力的评价指标也没有建立起统一的标准，但是将技术创新作为衡量产业集群竞争力的一项重要因素

① Porter M. E. Clusters and the New Economics of Competition ［J］. *Harvard Business Review*, 1998.

② 金碚. 竞争力经济学 ［M］. 广州：广东经济出版社，2003.

③ 裴长洪. 经济全球化与当代国际贸易 ［M］. 北京：社会科学文献出版社，2007.

④ 卢照坤. 产业竞争力的生成能力：基于博弈视角的分析 ［J］. 管理学家，2010（6）：3～4.

⑤ 陈立敏等. 中美制造业国际竞争力比较：基于产业竞争力层次观点的实证分析 ［J］. 中国工业经济，2009（6）：57～66.

⑥ Devanath Tirupati. Role of Technological Innovations for Competitiveness and Entrepreneurship ［J］. *Journal of Entrepreneurship*, 2008，17：103.

这一点还是获得了一致的认可。[①]

产业集群的集聚优势和知识外溢共享的特点使产业集群成为群内企业技术创新的有效载体，为群内企业技术创新营造了良好的氛围和提供了便利的条件。此外，技术创新加速了企业的集聚和集群的形成，并为集群的发展提供源源不断的动力，保证了产业集群竞争力的不断提高。[②]

3. 企业竞争力与产业集群竞争力评价指标理论

近年来，有关企业竞争力及其评价指标、产业集群竞争力及其评价指标体系的研究开始受到重视，一些研究者从不同的角度，用不同的方法，纷纷提出了企业竞争力和产业集群竞争力的评价指标体系。在企业竞争力的评价方面，中国企业联合会于 2000 年发布的企业竞争力评价体系中包括定量指标 39 个，定性指标 26 个，指标内容分为经济效益、财务状况、管理水平、科技进步、人力资源、国际化经营、社会责任与贡献七个部分[③]。金碚提出的企业竞争力评价指标体系包括测评性指标和分析性指标，其中测评性指标分为可直接计量指标和不可直接计量指标两类，分析性指标反映的是竞争力的原因或决定因素。[④] 方承武和许芳认为企业竞争力分为企业外部竞争力和企业内部竞争力两类：企业外部竞争力指标包括客户和供应商两个方面；企业内部竞争力则由企业文化、创新、内部流程、人力资源和基础设施建设五个子能力系统组成[⑤]。由国务院发展研究中心资源与环境政策研究所和南方现代市场经济研究院主导的"中国产业集群竞争力系列评价指标体系"研究课题组于 2010 年 5 月发布的研究报告指出，制造企业综合竞争力评价标准包含企业功能、市场服务、企业规模、市场表现、经营环境、企业文化和创新能力七个指数要素，其下又分成 48 个具体的指标。本书着重探讨企业的技术创新能力对企业竞争力的影响，在测量和评价企业竞争力的问卷调查中，本书基本采用了这一成果所列出的指标。在产业集群的评价方面，"中国产业集群竞争力系列评价指标体系"研究课题组的研究报告指出，中国产业集群竞争力评价标准包含产业配套功能、产业规模、市场表现、产业环境、产业文化和创新能力六个指标要素，其下又包括 41 个具体的小指标。本书关于产业集群竞争力的测量变量也基本以此指标标准为主。

① Devanath Tirupati. Role of Technological Innovations for Competitiveness and Entrepreneurship [J]. *Journal of Entrepreneurship*, 2008, 17: 103. 杨晓云, 綦振法. 产业集群竞争力评价指标体系研究 [J]. 山东理工大学学报（自然科学版), 2011, 25 (2): 95～98.

② 黄坡, 陈柳钦. 产业集群与企业技术创新 [J]. 武汉科技大学学报（社会科学版), 2006, 8 (6): 26～32.

③ 林黎明. 论企业竞争力评价指标体系 [J]. 中国市场, 2010, 578 (19): 32～35.

④ 金碚. 企业竞争力测评的理论与方法 [J]. 中国工业经济, 2003 (3): 5～13.

⑤ 方承武, 许芳. 企业竞争力评价指标设计 [J]. 技术经济, 2007, 26 (1): 41～52.

3.2 本研究的方法论基础

本研究的主体就是试图从企业层面探寻企业技术创新的动机及其激励因素，探寻企业的创新动机能够在多大程度上转化为企业的创新行为，这种创新行为对提升企业的竞争力进而对提升集群的竞争力有着怎样的影响，探寻知识产权保护对技术创新的影响及二者的互动关系。数据搜集主要采用访谈调查、问卷调查、QQ 通信等方法。基于前述的研究思路和研究问题，本书拟主要采用实证研究的方法，在实际调研的基础上，将量化研究和质性研究结合起来。

实证研究（Positive Analysis）一般遵循以下过程：实际观察—提出假说（或理论模型）—假说检验—发现规律—提出理论。实证研究又分为理论实证（Theoretical Analysis）和经验实证（Empirical Analysis）两种形式，前者侧重于理论演绎，后者侧重于经验归纳。科学史上曾经有过演绎主义和归纳主义的激烈争论：演绎主义者认为，对于普遍性的认识，任何归纳都不可能是完备的，因此归纳的结论并不可靠，该学派反对归纳，崇尚演绎；而归纳主义者则认为，演绎的前提缺乏归纳的基础，要么是杜撰的，要么是先验的，而先验性就是主观性，其可靠性就更值得怀疑，因此，以虚假的前提演绎出的结论无法让人信服，该学派反对演绎，提倡归纳。现在的计量经济学模型方法很难简单地被归类为归纳或演绎，在整个的分析过程中，演绎和归纳是相互渗透的。从观察到理论模型（假说）的提出，是一个归纳推理过程，而模型的应用，将归纳得到的一般性规律应用于观察以外的事实预见，又是一个演绎推理过程。因此，本书研究所采用的结构方程建模分析方法既是归纳的，又是演绎的。理论模型与理论假设的提出，既是一个以观察数据为基础的归纳过程，又是一个以已有文献研究为前提的演绎过程；假设检验分析后得出结论是一个归纳过程，那么结论的分析和拓展就是一个演绎过程。

从实证研究的结果来看，往往同时存在着"证实"和"证伪"两种可能：有些理论假设获得了经验数据的支持，而另一些理论假设被经验数据所否证。科学史上也曾经存在过实证主义和证伪主义之争。实证主义秉承经验主义和归纳主义的传统，认为理论命题是可以被经验证实的，科学理论就是不断被经验证实的真理的积累；而证伪主义本着理性主义和反归纳主义的立场，认为任何理论都不能被证实而只能被证伪，科学不是真理的积累，科学理论是由假说构成的，科学的发展是新的假说不断地取代旧的假说。站在演绎主义的立场来看，结构方程模型方法的数据统计分析和检验过程确实充满着证伪主义方法论，但该方法体系是由一批经济学家和数学家依据坚实的概率论基础建立的，具有统计学意义上的科学性，因此，该方法在担负证伪功能的同时，也具有证实的功能。

3.3　本研究的实践调查基础

3.3.1　研究对象与调查方式

企业技术创新与企业竞争力、企业技术创新与集群竞争力以及技术创新与知识产权保护间的关系问题是一些带有普遍性的问题，本书选择古镇灯饰产业集群作为案例研究对象，试图通过对该集群及其企业的深度调查来探讨和理清这些问题，并从中归纳问题的一般性。

古镇灯饰产业集群是生长在广东中山古镇及周边的一个以生产灯饰、灯具为主要产品的产业集群，萌芽于 20 世纪 70 年代末，基本上与我国的改革开放同步。古镇位于广东省中山市西北面，是中山、江门、佛山（顺德区）三市的交汇处，毗邻港澳。全镇总面积为 47.8 平方公里，由古镇、曹步、海洲三大自然村组成，下辖 12 个行政村、1 个居委会，常住人口 15 万。2013 年，古镇实现工农业总产值 194.5 亿元，地区生产总值 101.2 亿元，其中灯饰业总产值达 142.8 亿元，约占工农业总产值的 73.4%。灯饰灯具产业与古镇并没有历史渊源，古镇灯饰产业集群完全是由民营经济在市场竞争中逐步发展起来的，其发展经历了一个从无到有、从小到大、从默默无闻到享誉全球的过程。经过 30 多年的发展，古镇如今已经成为国内最大的灯饰灯具生产基地和批发市场，拥有了代表古镇整体形象的"中国灯饰之都"地域品牌，代表古镇灯饰产业整体水平的"古镇灯饰"产品品牌，"中国（古镇）国际灯饰博览会"的国际会展品牌以及诸如"华艺"、"欧普"、"澳克士"、"胜球"和"开元"等诸多古镇灯饰企业的品牌。目前，古镇登记注册的灯饰企业约 6 500 家，周边还有 4 000 多家，而据当地业内人士估计，整个集群（古镇及其周边）企业总数高达 2 万多家，从业人员近 10 万。2010 年，古镇灯饰业总产值达 173 亿元，灯饰产品畅销全国各地，占国内市场份额的 60% 以上，并出口到港澳台、东南亚、欧洲及日本、美国等 130 多个地区和国家，出口总额达 4.81 亿美元。古镇灯饰产业集群的发展，不仅取得了良好的灯饰产业集群效应，而且带动了古镇各行业的发展，也对周围地区经济的发展产生巨大的促进作用。

本书初期调查主要采取访谈法。访谈法是质性研究中应用最为广泛的一种数据收集方法，在这种方法中，研究者通过与研究对象面对面的直接交谈来收集有关资料和获取相关信息。与其他研究方法相比，访谈法具有如下优点：第一，谈话形式比较灵活，访问者可以根据情况改变提问方式或进行追问，有利于捕捉新的、深层次的信息；第二，通过研究者与受访者面对面的直接接触，可以使受访者消除顾虑，坦率直言，提高研究结果的信度和效度；第三，对于获取那些储存于关键管理者或决策者头脑中的内隐信息，使用访谈法可以获得较好的效果。[①]基于研究对象的典型性、代表性和易获得性等方面的考虑，本书选取华艺灯饰集团、中山市照明电器行业协会、中山市古镇商会、古镇政府经贸办、科技办以及中山灯饰知识产权快速维权中心等作为初期研究访谈对象。

在正式访谈之前，笔者从已有文献资料及相关信息网站对研究调查对象有了初步的了解，并通过相关文献研究拟定了较为详细的访谈提纲，准备了访谈的问题。访谈先从企业开始，逐渐拓宽到整个集群。通过一系列深度访谈，初步了解到一些企业的成长经历以及古镇灯饰产业集群的发展历史与现状，捕捉到更多笔者感兴趣的研究问题。后又在杨建梅教授的带领和指导下，多次赴古镇进行深入调研，走访了企业、政府、行业协会以及展会市场等诸多灯饰产业的相关机构，并对其主要领导人进行了广泛的深度访谈，深入了解集群的发展历史与现状以及集群进一步发展所面临的问题，掌握大量极其有价值的数据资料，为进一步的问卷调查和研究奠定了基础。后来笔者又多次走访了具体企业，并通过加入十几个古镇灯饰 QQ 群的方式与从业人员进行了深入的线上交流，了解到大量具体信息，为后来的问卷设计作了铺垫。

3.3.2　调查结果的质性分析

调查关注的第一个问题是：技术创新在集群中是如何发生和怎样扩散的？古镇灯饰产业最早的技术创新是用一只灯泡、一根弯管和一条电线组装成的简易台灯或壁灯；组织创新形式是一家一户的家庭手工作坊；营销创新形式是"提灯走天涯"；创新扩散方式是相互之间的简单模仿和直接抄袭。古镇灯饰产业在初创阶段的这种技术创新及其扩散方式使该地灯饰产业迅速膨胀，产业集聚日益加强，极大地促进了当地经济的增长，也为后来集群的形成和发展奠定了基础。由此，本章提出了第一个初步调查结果质性分析的命题（Proposition）：

P1：集群形成初期，技术的简单模仿和抄袭对于产业集聚与集群发展具有正面意义。

如今，古镇灯饰产业集群已发展成为产品占国内市场 60% 以上并远销世界 130 多个国家和地区的规模水平，拥有"中国灯饰之都"、"古镇灯饰"、"中国（古镇）国际灯饰博览会"等著名品牌，进入到集群发展"中期阶段初期"（古镇业内权威人士语）。集群面临着世界范围内激烈的市场竞争，产业技术水平亟

---

① 颜士梅，王重鸣. 并购式内创业中人力资源整合水平的选择：一个实证研究 [J]. 管理世界，2005（9）：107～118.

待升级。在这样的背景下，集群内企业依靠模仿、抄袭的技术扩散方式已经严重妨碍了集群技术水平的突破和升级，削弱了企业自主创新的积极性，最终将会导致集群竞争优势的丧失。政府及行业协会的有关人士认为，简单模仿和直接抄袭是目前集群面临的最为突出的问题之一。形势的发展促使当地集群将知识产权保护列为目前集群发展的主要工作，2010 年 11 月 19 日，国家知识产权局批准在中山古镇成立"中国中山（灯饰）知识产权快速维权中心"，加挂"中国（中山）知识产权维权援助中心"牌子，这是当时全国唯一一个对单一行业进行产权快速维权的机构①。可见，抑制企业间技术的简单模仿和抄袭，加强知识产权保护，已成为目前古镇灯饰产业集群的主要工作。据此，本章提出了第二个初步调查结果质性分析的命题：

P2：集群形成中后期，技术的简单模仿和抄袭对于集群发展和产业升级具有负面意义。

长期以来，在企业规模与技术创新的关系问题上一直存在着争论：究竟是大企业，还是中小企业，更有利于实现技术创新？在这一问题上存在着两种对立的观点：以熊彼特为代表的一派认为，企业的技术创新是有条件的，它需要大量的资本投入和能够承受创新失败的巨大风险，因此，只有那些实力雄厚、人力资源充足的大企业才有能力在技术研发上大量投入，因此，大企业更有利于技术创新；以肯尼迪·阿罗为代表的另一种观点认为，大企业可以仅凭其垄断地位而无须承担创新风险就获得高额垄断利润，因而创新动力不足，而中小企业要想冲出垄断封锁脱颖而出就必须走技术创新之路，它们有更强烈的创新意愿，因此，中小企业更有利于实现技术创新。当然，早期的熊彼特也持这一立场，这就是菲利普（Phillips，1971）所谓"两个熊彼特"（或"熊彼特 I"和"熊彼特 II"）的命题②。在对古镇灯饰集群的访谈调查中，我们了解到技术创新还是较多地集中在实力雄厚的大企业，大多数中小企业甚至根本没有设立哪怕是兼职的技术创新部门或职位，在技术采用上，它们多采取跟随策略。古镇灯饰产业集群的构成，与我国绝大多数集群的构成一样，都是以中小企业为主体的，集群中中小企业的生存境况也与目前我国绝大多数中小企业的境况相同：企业技术人员缺乏，员工整体而言的科技素质不高，融资困难，缺乏技术创新所需要的大量资金投入，产品生产大多停留在简单仿制水平，不能及时升级换代。所以，本章提出的第三个初步调查结果质性分析的命题是：

---

① 参见中山照协会刊，2011（3）：12。

② 李大为，刘英基，杜传忠. 产业集群的技术创新机理及实现路径——兼论理解"两个熊彼特"悖论的新视角 [J]. 科学学与科学技术管理，2011，32（1）：98～103.

P3：大企业较中小企业更有利于实现技术创新。大企业更倾向于选择自主创新策略，而中小企业更倾向于选择技术模仿策略。

从调查中还看到，类似于很多低技术产业的中小企业集群，古镇灯饰产业集群的企业同质化现象也较为突出。所谓同质化就是指企业在产品类别、销售市场等各个方面的高度趋同性。在产业集群中，高同质化的特征将导致中小企业的企业规模普遍偏小，难以扩大。灯饰行业是进入门槛相对较低、资金需求量不高、技术含量也相对较低的传统行业，该产业的这一特点既是古镇灯饰产业集群迅速发展壮大的原因，又是该集群形成集群企业同质化的原因。同质化在导致企业规模普遍偏小的同时，还会进一步引发更多低层次重复，加剧产品低水平竞争，致使企业资金缺乏、技术研发能力难以提高，最终无法承担新技术研发的规模基础和技术资金支持，使得大量中小企业在技术创新方面主要依赖模仿这种低成本、高收益的简单"搭便车"方式。据此，本章提出了第四个初步调查结果质性分析的命题：

P4：集群企业的同质化程度越高，企业越容易选择模仿跟随策略。

产业集群本质上是由关联企业、科研机构、中介组织、行业协会、金融机构和市场顾客通过产品价值链构成的企业网络。企业网络内由各种竞合关系而产生的"知识溢出效应"和"学习效应"为产业集群技术创新创造了有利条件。已有的研究结论表明，产业集群的集聚优势和知识外溢共享的特点使产业集群成为群内企业技术创新的有效载体，为群内企业技术创新营造了良好的氛围和提供了便利的条件。如巴顿认为，产业集群有助于商品制造者、供给者与顾客之间的信息传播，加快了区域内企业采纳创新成果的速度，具有加剧竞争、促进创新的功能。[①] 巴帕蒂斯塔和斯旺（1998）从聚集过程的内在动力、技术运动的机制、现代创新活动的特征以及新经济增长理论四个方面，分析了集群与创新之间的正反馈关系，并通过实证研究支持了集群中企业创新更多的结论。[②] 我们在访谈调查的过程中也了解到，集群企业较单个企业拥有更多创新的便利条件。据此，本章提出第五个初步调查结果质性分析的命题：

P5：集群企业较单个企业更有利于实现技术创新。

访谈调查中我们还发现，企业技术创新的实现，与企业的人力资本储备、社会资本充裕程度以及企业主管的创新意愿等因素有关。技术力量强的企业，创新成果较多；社会资本充裕、与其他企业或大学科研机构合作频繁的企业，创新成

---

① ［英］巴顿．城市经济学：理论与政策［M］．上海社会科学院部门经济研究所城市经济研究室译．北京：商务印书馆，1984. 21～23.

② Rui Baptista，Peter S. Do Firms in Cluster Innovate More？［J］．*Research Policy*，1998（27）：525－540.

果较多；企业主管创新意愿强烈的企业，创新活动的开展比较活跃。据此，本章提出第六个初步调查结果质性分析的命题：

P6：人力资本和社会资本充裕的企业更有利于实现技术创新；企业主管创新意愿强烈的企业更有利于实现技术创新。

访谈中我们还注意到，模仿现象在集群内的普遍存在与灯饰产业的技术特点也有很大关系。灯饰产品的主要卖点在产品的外观设计，技术含量不高，易于模仿。而很多小企业本来生产规模不大，市场份额很小，为了降低成本，不愿聘请设计人员，自然选择模仿这条简易途径。据此，本章提出第七个初步调查结果质性分析的命题：

P7：低技术产品较高技术产品更易诱发模仿行为；注重外观设计的产品（装饰产品），企业在产品外观设计上容易选择模仿跟随策略。

知识产权保护问题的提出，正是基于技术的直接模仿和抄袭现象的存在。整体而言，知识产权保护有利于促进技术创新，提升企业和集群的竞争能力。但是，我们在调查访谈中也发现，一些访谈对象在肯定集群积极推进知识产权保护的同时，也表示了对知识产权过度保护的担忧：严格的知识产权保护可能会导致集群中一大批微小企业被淘汰。同时，过度的知识产权保护也可能形成技术垄断，在一定程度上阻滞和延缓技术的加速发展趋势。在古镇灯饰产业集群的发展过程中，关于创新和模仿的问题，关于鼓励创新和保护中小企业发展的问题，已经引起了研究者的关注。申兆光和邝国良指出，没有模仿，就没有古镇灯饰产业的过去与现在；没有创新，就没有古镇灯饰产业的未来。如何创建一个既能激励创新，又能适度有效约束模仿的机制，使那些有创新能力与意愿的企业通过不断的创新获得较快的发展，使那些缺乏创新能力与意愿的企业能够通过模仿而获得生存和一定的发展，是一个非常重要的有待进一步研究的问题。[①] 据此，本章提出第八个初步调查结果质性分析的命题：

P8：技术模仿对模仿企业发展有正面影响，对创新企业发展有负面影响；在低技术产业集群，知识产权的保护强度要与集群的发展阶段相适应。

以上是对初期访谈情况所作的初步的质性分析，它将作为本书进一步调查研究以及概念模型与理论假设提出的基础，这些初步的质性分析命题还有待于进一步调查和研究的确证。

---

① 申兆光，邝国良．广东中山古镇灯饰产业集群模式研究［J］．改革与战略，2007，23（7）：109～111．

3.4　概念模型与理论假设的提出

3.4.1　潜变量结构模型

在上述质性研究的基础上，本书将对企业技术创新的动力及其激励因素、企业创新动力与创新行为、创新行为与企业的竞争力以及集群竞争力、知识产权保护对技术创新的影响及二者的互动关系等问题进行量化研究。

根据前述动机理论，需要激发动机，动机诱导行为，行为达成目标。它们之间的逻辑关系表现为一种简单的线性结构链条：需要—动机—行为—目标。人的行为总是由一定原因引起的，引起行为的原因通常被称为动力，包括外部动力和内在动力，而引起和促进个体行为的内在动力在这里就是动机理论中所谓的动机。在英文里，动机和激励有密切的关系，Motivation（动机）的动名词形式 Motivating 往往就称作"激励"，所以，在弗鲁姆的期望理论里，动机被替代为激励力。弗鲁姆期望理论扩展模型里的效价和期望值都具有因人而异的特点，其涉及的因素主要是内在的，而工具性则是指外在的因素。在第 2 章的文献综述里，已介绍了万君康和王开明（1997）关于企业技术创新的期望理论模型和许小东（2002）的"期望—风险内驱动力机制"模型。他们都直接移植了弗鲁姆的期望理论，分别提出了"技术创新动力 = 技术创新产生的效益 × 成功的概率"和"创新动力 = 创新所产生的效益 × 创新成功概率"的模型公式。但是，这种直接移植存在两个问题：第一，弗鲁姆的期望理论是以个人的心理研究为基础的，论及的是个人的行为动机，而上述移植都是讲企业的创新动力，没有说明这种移植何以可能的理由；第二，这两个模型都没有考虑外在环境因素对主体创新动力的影响。

前述的理性行为理论（TRA）模型与计划行为理论（TPB）模型与期望理论扩展模型具有相同或类似的构成机理。在理性行为理论或计划行为理论中，行为意向替代了动机理论中的行为动机或期望理论中的激励力，行为态度和主观规范替代了期望理论中的效价和期望值，行为控制认知相当于期望理论中的工具性。理性行为理论和计划行为理论认为，人都是理性的，个体在发生某一行为之前都会综合各种信息来考虑自身行为的意义和后果，个体的行为在一定程度上可以根据其行为意向合理地推断，而个体的行为意向又是由行为态度和主观规范决定的，将行为态度和主观规范结合起来，便产生了行为意向，并最终导致个体行为（或行动）的改变。正如期望理论模型考虑到外部因素影响而引入"工具性"这一外在变量从而提出期望理论扩展模型一样，阿耶兹也将"行为控制认知"这一外在变量引入理性行为理论模型，从而提出了新的计划行为理论模型。期望理论扩展模型（见图 3 - 3）和计划行为理论模型（见图 3 - 2）是本书概念模型提出的理论基础和依据。

在本书中，对于产业集群中企业的技术创新而言，将前述第 2 章文献研究里的企业技术创新动力作为模型的变量之一，对应于上述模型中的行为意向、动机或激励力；将知识产权保护理解为影响创新动力的外在因素，对应于期望理论扩展模型中的工具性或计划行为理论中的行为控制认知；将创新动机诱发的创新行为理解为企业的自主创新行为，对应于计划行为理论中的行为变量；仍然沿用期望理论模型中效价和期望这两个变量，分别表述为"预期效价"和"预期期望"。

另外，与动机、行为密切关联的还有"绩效"概念。心理学理论认为，绩效是对个体完成一项任务好坏程度的评价，也就是对行动结果的评估，这种评估通常是由他人而不是由行动主体自己来进行的。[①] 在动机、行为与绩效三者的关系中，动机是行为的动力和直接原因，而行为是动机的外在表现，绩效则是对行动结果的评估。[②] 在本书的概念模型中，企业自主创新行为的绩效是用企业竞争力和集群竞争力来评价的。

接下来需要解决的问题是，无论是动机理论、期望理论还是理性行为理论和计划行为理论，其中所涉及的效价、期望值、意向、动机和行为等概念都是立足于个体心理上的，如果说绩效还涉及更高层次的组织（如企业）层面，那么期望动机理论和计划行为理论的整个体系也就是建立在"个人—企业"这一层面上。而本书的研究是以"企业"为基本单位的，较企业更高一级的层次是"集群"。那么，将建立在"个人—企业"这一层面上的期望动机理论和计划行为理论的结论移植到"企业—集群"这一层面将何以可能呢？这是在提出本书概念模型之前必须要说明的又一个理论问题。科尔曼的理性选择理论为解决这一问题提供了理论基础。

上述问题的根源甚至可以追溯到哲学二元论思维方式所带来的社会学理论的对立。受二元论哲学思维方式的影响，社会学理论长期以来一直存在着个体论与整体论、行动理论与结构主义、主观主义与客观主义的对立，概而言之也就是微观与宏观的对立。20 世纪 80 年代，社会学理论出现了微观与宏观整合趋势：整体论宏观主义社会学理论试图引入个体心理学理论，而个体论微观主义社会学理论则试图将社会系统与社会结构纳入到自己的理论范围。这种努力在一定程度上消弭了社会学理论中主观主义与客观主义、微观理论与宏观理论之间的鸿沟，推动了社会学理论的统一与整合。科尔曼的理性选择理论就是其中最突出的代表。

---

① Kanfer R. Motivation Theory and Iindustrial and Organizational Psychology ［A］. In：Dunnette M.，L. Hough，eds. *Handbook of Industrial and Organizational Psychology* ［C］. 2nd ed. California：Consulting Psychology Press，1990.

② 张积家. 普通心理学 ［M］. 广州：广东高等教育出版社，2004.

　　1990 年，科尔曼出版了《社会理论的基础》（*Rational Choice Theory*），系统地提出了他的理性选择理论。科尔曼以宏观的社会系统行为作为研究的目标，以微观的个人行动作为研究的起点，以合理性说明有目的的行动，主张用系统的不同组成部分（如个人、群体、组织和制度）的行为来解释系统的行为，并称之为"系统行为的内部分析"。他通过提出法人的概念以及对法人和自然人关系的分析来架起个人行为与组织行为之间的"桥梁"。在科尔曼的理性选择理论中，法人是通过自然人将其权利转让给一个共同的权威机构而形成的正式组织，目的是使这些自然人获取共同利益。法人行动因个体的理性行为而产生，遵守合理性的原则和要求。科尔曼进一步指出，法人（行动）不仅是分析行动系统的一个重要概念，而且是现代社会的重要标志和显著特征。[①] 根据科尔曼的理性选择理论，在企业组织中，企业的主要管理者（企业家）兼具自然人和法人的双重身份。他（她）首先表现为自然人，有自然人个人的利益，其行为动机和实际行为受个人理性支配，符合前述动机期望理论与计划行为理论的描述；其次，企业的主要管理者又是企业的法人代表，具有法人身份和代表企业作出决策的权力，其行为动机与实际行为又可理解为代表企业利益的企业组织行为。这样，以科尔曼的理性选择理论为基础，将建立在"个人—企业"这一层面上的期望动机理论和计划行为理论的结论移植到"企业—集群"这一层面来应用成为可能。

　　基于上面的分析思路和本书的研究问题，在前述计划行为理论模型和期望理论扩展模型的基础上，经过加入创新元素和进行合理移植，本书建立了关于"产业集群技术创新与知识产权保护对集群成长与升级影响研究"的潜变量概念结构模型，如图 3 - 4 所示：

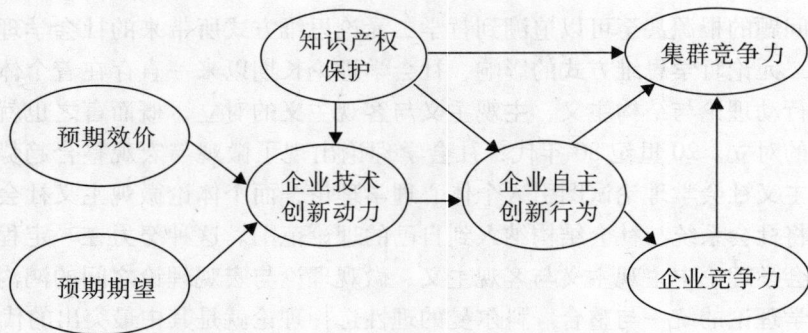

图 3 - 4　产业集群技术创新与知识产权管理研究的概念模型

① James S. Coleman, Thomas J. Fararo. *Rational Choice Theory* [M]. San Francisco: Sage Publications. 1992.

3.4.2 概念模型中变量间的关系及其构成

上述概念模型由 7 个潜变量和 46 个观测变量（显变量）组成。7 个潜变量分别为预期效价、预期期望、企业技术创新动力、企业自主创新行为、知识产权保护、企业竞争力和集群竞争力，它们之间的联系呈现为因果关系。其中企业技术创新动力、企业自主创新行为、企业竞争力和集群竞争力为内生潜变量，预期效价、预期期望、知识产权保护为外生潜变量。观测变量有 46 个，其中用来测量内生潜变量的观测变量为内生观测变量，共 26 个；用来测量外生潜变量的观测变量为外生观测变量，共 20 个。另外，在模型之外，为了在问卷调查中获得更多相关信息，调查问卷中还设置了灯饰产业技术水平、技术溢出形式及影响和知识产权保护力度及影响 3 个潜变量及其观测变量。观测变量及其与潜变量的结构关系见表 3-1。

表 3-1 潜变量与观测变量对应表

潜变量	观测变量
技术创新预期效价 ξ_1	1. 成功开发新产品会扩大贵企业未来的产品市场 2. 成功开发新产品会增加贵企业未来的利润收益 3. 成功开发新产品会增加贵企业未来的知识产权收益 4. 成功开发新产品会减缓贵企业目前的竞争压力 5. 成功开发新产品会扩大贵企业未来的竞争优势 6. 技术创新会不断提高贵企业的品牌知名度
技术创新预期期望 ξ_2	1. 贵企业具有较好的产品创新开发的技术基础 2. 贵企业具有较为充足的技术创新人才储备 3. 贵企业具有较为充足的技术创新资金支持 4. 贵企业具有新产品创新开发的成功经验 5. 贵企业高层主管对技术创新的成功具有较大的信心 6. 贵企业新产品开发能够得到来自集群的技术协助 7. 政府对于创新企业会提供技术支持和资金补贴
知识产权保护 ξ_3	1. 地方政府和行业协会开展了系列知识产权保护的宣传和教育活动 2. 地方政府和行业协会出台了知识产权保护的相关制度和措施 3. 集群拥有专门的知识产权管理人才 4. 集群建立了较为便捷的知识产权管理信息平台 5. 集群内企业知识产权登记方便快捷 6. 贵企业设立了专门的知识产权管理部门或职位 7. 贵企业拥有版权或专利权或商标权登记

（续上表）

潜变量	观测变量
企业技术创新动力 ξ_1	1. 贵企业制定了新产品开发计划 2. 贵企业设立了专门的技术研发部门或职位 3. 贵企业与高校或其他研发机构建立了合作关系 4. 贵企业制定了技术人员的学习培训和交流计划 5. 贵企业建立了技术创新的奖励制度 6. 贵企业为技术研发创新投入了一定的资金 7. 贵企业高层主管有强烈的技术创新意愿
企业自主创新行为 ξ_2	1. 贵企业产品技术主要依靠自主研发设计 2. 贵企业目前正在开展若干新产品研发项目 3. 贵企业与其他研发机构进行过或正在进行相关产品合作开发 4. 贵企业经常会有技术引进行为 5. 贵企业不时会有创新产品投放市场
集群内企业竞争能力 ξ_3	1. 贵企业人均产值较其他同类企业高 2. 贵企业研发投入较其他规模相近的同类企业高 3. 贵企业版权或专利权拥有数量较其他规模相近的同类企业多 4. 贵企业产品市场占有率较其他规模相近的同类企业高 5. 贵企业顾客满意度较其他同类企业高 6. 贵企业的企业品牌和产品品牌有较高的知名度
集群竞争能力 ξ_4	1. 集群产品销售地区分布较广 2. 集群产品具有价格竞争优势 3. 集群产品具有质量竞争优势 3. 集群整体技术创新能力较强 4. 集群产品销售模式灵活有效 6. 集群内原材料、配件企业及服务企业较为完备 7. "中国灯饰之都"的集群品牌对集群内企业发展有利 8. 集群内著名品牌产品、企业、商标较同业其他集群多
其他潜变量	其他观测变量
灯饰产业技术水平	1. 灯饰产业的主要技术在于外观设计 2. 灯饰产业技术含量不高 3. 灯饰产业技术模仿很容易

（续上表）

其他潜变量	其他观测变量
技术溢出形式及影响	1. 集群成长早期，群内技术模仿很普遍 2. 集群现阶段，群内技术模仿比较少见 3. 集群形成初期，技术模仿对产业集聚和集群形成具有积极意义 4. 集群成长现阶段，技术模仿对集群发展升级具有负面意义
知识产权保护力度及影响	1. 目前集群知识产权保护力度适当 2. 目前集群知识产权保护状况对贵企业是有利的 3. 目前集群知识产权保护状况对集群整体是有利的 4. 集群内知识产权保护力度越大越有利于企业发展和集群升级

3.4.3 理论假设的提出

1. 预期效价与预期期望对企业技术创新动力的影响

企业是营利性组织，对利益的追求是企业一切行为的根本原因和内在动力。企业的技术创新动机当然也是由利益驱使的。在第二章文献综述里所述的各种企业技术创新动力理论都是以企业对利益的追求为基础的。熊彼特的技术推动说认为，新技术的发明和出现是推动企业家进行技术创新并力图通过其商业应用获得高额利润的基本驱动力。[1] 施穆克勒认为，专利发明活动也与其他经济活动一样是以追求利润为目的的，受市场需求的引导和制约。[2] 安立仁和张建申（1995）认为企业技术创新的内在动力主要包括利润驱动力、成就驱动力、社会价值驱动力等[3]，也是讲利益驱动。企业利润是衡量企业利益的基本指标，但除企业利润外，企业未来产品的市场占有率、企业未来的知识产权收益、企业未来的品牌知名度、企业未来的竞争优势也都是衡量企业未来收益的指标。因此，企业在进行技术创新投入前一定会对创新将给企业带来的利益作出评估，这就是弗鲁姆期望理论所说的效价。万君康和王开明（1997）、许小东（2002）等将技术创新的这种预期效价直接称为"技术创新产生的效益"。在弗鲁姆的期望理论模型里，效价越高，激励力越强；在万君康和王开明（1997）、许小东（2002）的企业技术

---

[1] ［美］约瑟夫·熊彼特. 经济发展理论［M］. 何畏等译：北京：商务印书馆，1990. 251～253.

[2] J. Schmookler. *Invention and Economic Growth* ［M］. Cambridge：Harvard University Press，1966.

[3] 安立仁，张建申. 企业技术创新的动力分析［J］. 西北大学学报（自然科学版）. 1995，25（2）：171～175.

创新期望理论模型里，技术创新产生的效益对技术创新动力也具有正面的影响。以此为基础，在本书的概念模型里，提出如下假设：

H1：企业技术创新的预期效价对技术创新动力具有显著的正向影响。

企业在进行技术创新投入前，除了要对效价进行评估之外，还特别在意实现这种效价可能性的大小，这就是弗鲁姆期望理论中所谓的期望值。技术创新结果的效价再高，若实现这种结果的可能性很小，也不能激发出创新动力。① 在企业的技术创新问题上，影响企业实现效价可能性大小的因素很多，如企业产品创新开发的技术基础与经验、企业技术创新的人才储备、企业技术创新的资金支持、来自企业之外的技术协助和来自政府的资金补贴等。所有这些因素的正向性，都有助于增加实现创新结果的可能性，提高期望值，从而对企业的技术创新有正面的影响。基于此，本书提出如下假设：

H2：企业技术创新的预期期望对技术创新动力具有显著的正向影响。

2. 知识产权保护与企业技术创新动力以及企业自主创新行为

第 2 章的文献综述里已对知识产权保护与技术创新之间的关系作了述评。知识产权制度就是对知识创新、技术发明等智力成果的主体所有者权益的一种法律保护制度。知识产权保护与技术创新之间有着密切的内在联系：技术创新主体的权益保护需求催生了知识产权保护制度的建立、发展和完善；而知识产权保护制度反过来又对进一步的技术创新起着引导、保护、激励和加速的促进作用。二者之间形成了一种相互促进的良性循环机制。从上一节的论述中我们知道，企业技术创新动力受到预期期望的影响，本书提出了预期期望值越高企业的创新动力越强的理论命题。但是，企业技术创新成果的顺利实现，就一定能够保证它得到想要得到的预期利益吗？答案往往是否定的。这正是弗鲁姆在其期望理论里增加"工具性"和阿耶兹在理性行为理论基础上引入"行为控制认知"变量的原因：激励力或行为意向还会受到外在环境因素的影响。对于企业的技术创新而言，技术创新成果的顺利实现并不能够保证它一定会得到想要得到的预期利益，因为存在着创新技术被恶意模仿或抄袭的知识产权侵犯的可能，这就是外在制度环境因素的影响。技术创新是一项技术要求高、资金投入需求大的高风险行为，创新企业之所以愿意投入资金和精力并甘愿冒着失败的风险进行探索性创新，主要动力来自于对创新成果的专有垄断权所可能带来的巨大收益的期望，而企业对创新成果的专有垄断权依赖于是否建立起较为完备的知识产权保护制度，如果知识产权制度缺失，创新企业就不能保证自己的利益，甚至很可能无法使创新投入得到补偿，因而就不会有创新的积极性。波斯纳说，如果生产厂商预见到无法补偿其发

---

① Victor H. Vroom. *Work and Motivation* [M]. Rev. ed. Hoboken：Jossey – Bass Classics, 1995.

明成本，他开始就不会去从事发明，在一个没有知识产权保护的世界里，创新技术可能长期处于被保密状态而无法最大限度地发挥作用，正如完全无财产权会使生产偏向预先投资最小化的产品。① 以此为基础，结合本书所建立的概念模型，提出如下假设：

H3：知识产权保护制度对企业技术创新动力具有显著的正向影响。

H4：知识产权保护制度对企业自主创新行为具有显著的正向影响。

3. 企业技术创新动力与企业自主创新行为

根据理性行为理论和计划行为理论，行为意向（本书称作行为动机或动力）是解释或预测行为的有力指标。个体对某种行为的意向越强，则他实施该行为的动力越大，从而该行为得以实际实施的可能性越大。② 动机理论也指出，一切行为都是由动机诱导的。对于企业组织而言，上文依据科尔曼的理性选择理论已经论述了企业的技术创新行为与创新动力之间遵循和个人同样的规律，即企业的技术创新行为是由企业的技术创新动力诱发和推动的。在对企业技术创新动力与企业自主创新行为这两个潜变量关系的实证研究中，变量的观测和刻画是一个难点。本书通过相关的文献研究和对集群企业的访谈调查，尝试性地提出了衡量企业技术创新动力和企业技术自主创新行为的有关指标，经过质性研究和进一步的访谈求证，这些衡量指标是可行的。本书用来测量企业创新动力的观测变量包括企业是否制定了新产品开发计划、企业是否设立了专门的技术研发部门或职位、企业与高校或其他研发机构是否建立了合作关系、企业是否制定了技术人员的学习培训和交流计划、企业是否建立了技术创新的奖励制度、企业是否为技术研发创新投入了一定的资金、企业高层主管是否有强烈的技术创新意愿等；本书用来衡量企业自主创新行为的观测变量包括企业产品技术是否主要依靠自主研发设计、企业目前是否正在开展若干新产品研发项目、企业与其他研发机构是否进行过或正在进行相关产品合作开发、企业是否经常会有技术引进行为、企业是否不时会有创新产品投放市场等。本书就这一问题提出的理论假设是：

H5：企业技术创新动力对企业自主创新行为具有显著的正向影响。

4. 企业自主创新行为对企业竞争力和集群竞争力的影响

如前所述，企业竞争力是指在竞争性市场条件下，企业通过培育自身资源和能力，有效地向市场提供产品和服务，在为顾客创造价值的基础上实现赢利和自

---

① ［美］理查德·A. 波斯纳. 法律的经济分析（上）［M］. 蒋兆康译. 北京：中国大百科全书出版社，1997. 47.

② Ajzen I. The Theory of Planned Behavior ［J］. *Organizational Behavior and Human Decision Processes*，1991，50：179－211. 段文婷，江光荣. 计划行为理论述评［J］. 心理科学进展，2008，16（2）：315～320.

身价值，并获得自身发展的综合能力和素质。但在如何衡量企业的这种能力和素质上，也就是确定企业竞争力的测量指标体系方面，还没有统一的认识。中国企业联合会于 2000 年发布的企业竞争力评价体系中列举了 39 个定量指标、26 个定性指标，内容包括企业的经济效益、财务状况、管理水平、科技进步、人力资源、国际化经营和社会责任与贡献七个部分。[①] 金碚提出的企业竞争力评价指标体系包括测评性指标和分析性指标，其中测评性指标分为可直接计量指标和不可直接计量指标两类，分析性指标反映的是竞争力的原因或决定因素。[②] 方承武和许芳认为，企业竞争力分为企业外部竞争力和企业内部竞争力两类：企业外部竞争力指标包括客户和供应商两个方面；企业内部竞争力则由企业文化、创新、内部流程、人力资源和基础设施建设五个子能力系统组成。[③] 由国务院发展研究中心资源与环境政策研究所和南方现代市场经济研究院主导的"中国产业集群竞争力系列评价指标体系"研究课题组于 2010 年 5 月发布的研究报告中指出，制造企业综合竞争力评价标准包含企业功能、市场服务、企业规模、市场表现、经营环境、企业文化和创新能力七个指数要素，其下又分成 48 个具体的指标。尽管关于衡量企业竞争力的指标体系还没有统一的认识，但是在将企业的技术创新能力作为企业竞争力的关键要素这一点上还是获得了最为广泛的共识。目前业界和学界都普遍认为，在世界经济正由传统工业经济向现代知识经济转换的今天，低成本作为企业的主要竞争优势正在逐渐丧失，技术创新这一企业核心竞争力的关键因素正受到越来越多的高度重视，企业间的竞争也就逐渐从价格竞争转向技术创新能力的竞争。企业技术创新能力越强，其市场竞争力就越强，而这种创新能力的提高来源于企业不断的创新实践和创新活动。可见，企业的自主创新行为对企业的竞争力有着正面的影响。因此，本书提出如下假设：

H6：企业的自主创新行为对企业竞争力具有显著的正向影响。

在波特有关竞争力的四个层次中，产业集群竞争力位于中间层次，企业竞争力是其基础。那么，产业集群竞争力与集群企业的自主创新行为又有着怎样的关系呢？当我们假定了企业的自主创新行为对企业的竞争力有着正面的影响时，集群企业的自主创新行为对集群竞争力也应该表现为正面的影响。首先，根据前述产业集群竞争力的评价指标体系，集群的创新能力是影响集群竞争力的一个非常重要的因素，而集群企业的技术创新能力是产业集群创新能力的基础和主要体现，因此，集群企业的自主创新行为与集群竞争力应该是正相关的；其次，企业竞争力与集群竞争力的关系其实也是微观与宏观两个不同层次之间的关系问题，

① 林黎明 . 论企业竞争力评价指标体系 ［J］. 中国市场，2010，578（19）：32～35.

② 金碚 . 企业竞争力测评的理论与方法 ［J］. 中国工业经济，2003（3）：5～13.

③ 方承武，许芳 . 企业竞争力评价指标设计 ［J］. 技术经济，2007，26（1）：41～52.

根据前述科尔曼理性选择理论的逻辑理路，这两个层次之间的路径是可以打通的，宏观层次与微观层次之间应该有相同的构成机理。在假定集群企业具有协同关系的条件下，企业自主创新行为与企业竞争力之间的正向关系应该可以移植到它与集群竞争力之间的关系中去。基于以上的分析，本书提出如下假设：

H7：企业的自主创新行为对集群竞争力具有显著的正向影响。

5．知识产权保护对企业竞争力和集群竞争力的影响

知识产权保护制度属于国家层面的一种法律法规，是指依照现行法律法规，对侵犯知识产权的行为进行制止和打击，以保护知识产权所有者的产权权益。具体体现为：阻止和打击假冒伪劣产品，阻止和打击商标侵权、专利侵权、著作权侵权等行为。对于具体企业而言，知识产权保护制度属于外在于企业的制度环境因素，它对每一个企业都产生影响，但并非对每一个企业都发生直接的关联。如果一个企业有了技术创新成果并向国家申请了知识产权保护，那么知识产权保护制度就对该企业的知识产权行使保护功能；如果一个企业侵犯了别人的知识产权并受到投诉，那么知识产权保护制度就对该企业的侵权行为进行制止和打击。没有技术创新成果或者有了技术创新成果而没有向国家申请知识产权保护的企业，以及没有任何侵犯知识产权的行为并且也没有受到任何侵权投诉的企业不与知识产权制度发生直接的关联。因此，知识产权保护制度对企业的影响只有通过企业实际发生的自主创新行为或者侵权行为作为中介而产生。虽然就整体而言，知识产权保护有利于促进技术创新和提升企业的竞争能力，但这主要是对那些存在自主创新行为并取得创新成果的企业而言的，对于模仿抄袭别人创新成果而存在侵权行为的企业，知识产权保护制度对其影响是负面的。也就是说，知识产权保护制度对企业竞争力的影响是通过企业自主创新行为作为中介而产生的。企业在技术创新问题上的策略行为不同，知识产权保护制度对其产生的影响也不同：对于创新企业而言，影响是正面的；但对于模仿侵权企业而言，影响是负面的。

对于集群整体来说，知识产权保护制度对于集群竞争力的影响可以看作是直接的。一般而言，知识产权保护有利于形成整个集群技术创新的良好氛围，提高集群整体的创新能力，从而提升集群的竞争力，对于那些发展成熟的集群而言，情况更是如此。因此，本书提出如下假设：

H8：知识产权保护制度对自主创新企业的竞争力产生显著的正向影响。

H9：知识产权保护制度对于成熟集群的竞争力具有显著的正向影响。

6．企业竞争力与产业集群竞争力

企业是构成产业集群的主体单位。在一个发展成熟的产业集群里，除了企业之外，还有商会、协会、政府、银行、大学、研究机构以及其他服务机构和中介组织。用系统的观点来看，产业集群组织就是一个以企业、商会、协会、政府、

银行、大学、研究机构以及其他服务机构和中介组织为元素而构成的复杂系统，其整体功能既受到其构成元素功能状态的影响但又不总是简单的线性关系。若将企业竞争力看成是构成集群元素企业的功能，将集群竞争力看成是集群系统的功能，那么企业竞争力与产业集群竞争力二者之间并不必然总是表现为同步同向的相关关系。即使集群内企业的竞争能力都较强，倘若这种竞争仅仅属于群内企业间的竞争，集群整体没有表现出对外竞争的协同性，集群整体表现出来的对外竞争力也不会太强。杨建梅（2004）在对古镇灯饰产业集群进行实证研究后得出如下结论：集群中的企业间竞争更为激烈；集群中企业的竞争压力主要来自本地企业同行；集群中生产相同或相近产品的企业之间不存在合作关系。① 产业集群竞争力除了主要受集群企业竞争力的影响之外，还与集群的产业配套功能、产业规模、市场表现、产业环境、产业文化以及创新能力等多种因素有关。Tang H. K.（1998）、官建成和刘建妍（2005）论述了组织创新对竞争力的意义。② 可见，集群的竞争力不仅与企业竞争力有关，还与集群的组织结构和制度因素等有关。关于企业竞争力与产业集群竞争力的关系，本书提出的假设是：

H10：企业竞争力与产业集群竞争力在企业间存在协同性的条件下具有正相关关系。

3.5 小 结

本章主要围绕概念模型的建立和理论假设的提出展开论述。首先，阐述了本书所提出的概念模型的理论基础，着重论述本书理论模型和理论假设的立论依据，这些理论包括理性行为理论与计划行为理论、动机理论与期望理论、理性选择理论以及技术创新与产业集群竞争力理论等；其次，论述了本书的方法论基础，阐述了本书所采用的实证研究方法体现了归纳和演绎相结合、证实和证伪相统一的方法论特点；再次，阐述了本书的实践调查基础，介绍了研究对象和调查方式，并对调查结果进行了质性分析，提出了 8 个质性分析命题；最后，在分析本书立论依据的基础上，提出了潜变量结构路径的概念模型，进而提出了本书的理论假设。

---

① 杨建梅，郭毅怡. 广东古镇灯具企业集群的竞争研究［J］. 数量经济技术经济研究，2004（1）：149～154.

② Tang H. K. An Integrative Model of Innovation in Organizations［J］. *Technovation*，1998，18（5）：297－309. 官建成，刘建妍. 产品竞争力的源泉——技术和组织的集成创新［J］. 中国机械工程，2005，16（4）：322～337.

第 4 章

研究设计与研究方法

本章首先介绍了本书数据采集的样本总体及样本采集途径，说明了样本选取的代表性和数据的可用性；其次，论述了调查问卷的设计依据和设计过程，给出了潜变量的定义及其观测变量的题项，并对问卷量表的理论依据作了说明，介绍了问卷的预测试和修订过程；再次，介绍了本书研究方法的选择和理由，阐述了结构方程建模（SEM）方法的特点和应用步骤；最后，介绍了本书的具体分析框架。

4.1 样本选取与问卷设计

4.1.1 样本选取

本书以古镇灯饰及其配件产业集群为研究对象，研究总体为古镇灯饰产业集群的所有企业。目前古镇登记注册的灯饰及其配件企业约 1.5 万家，周边的横栏、小榄还有 4 000 多家，而据当地业内人士估计，整个集群（古镇及其周边）企业总数高达 2 万多家。由于问卷的发放主要是通过古镇商会、古镇政府有关部门及华艺灯饰集团等古镇当地机构的协助，因此样本主要来源于在古镇登记注册的 1.5 万家灯饰企业，但笔者认为这并不妨碍研究古镇灯饰集群的样本代表性，因为这些企业构成了古镇灯饰产业集群的主体，基本能够反映古镇灯饰集群的全貌。在样本的抽样控制方面，我们充分考虑到企业的年龄、主营业务类别、人员规模、资产规模等方面的差异，力争保证样本选取的代表性。

4.1.2 问卷设计

邱吉尔（Churchill，1979）、邓恩（Dunn）和瑟克（Seaker，1994）等人认为，测量问卷的设计开发应采取以下流程：①问卷题项通过文献回顾以及与企业界人士的经验调查、访谈形成；②与学术界专家讨论；③与企业界专家讨论；

④通过预测试对题项进行纯化，最终形成问卷定稿。①　本书的问卷设计基本遵循上述流程，大致经过以下几个阶段：①文献研究与访谈调查。通过深入的文献研究和访谈调查，形成基本测量题项，在确定问卷的结构、形式以及问题顺序以后，形成问卷初稿。②与学界专家和业界专家讨论交流。通过与专家讨论，对问卷初稿进行修改，剔除一些专业术语和较为抽象的问题。讨论涉及的内容包括：验证什么假设？用什么理论框架建构假设？设置多少个维度、亚维度以及所包含的题项？用多少个题项去测量？如何对研究的概念下操作性定义？如何建立起各题项之间的顺序性和其他技巧，以及整个问卷的框架。通过对这些问题的讨论和对问卷初稿的修改，形成问卷的预测试稿。③预测试。通过直接发放、电子邮件传送和QQ群发送等形式，共计向政府有关主管人员、行业协会负责人、行业协会会员、企业高管以及少数从业人员发放预测试问卷30份进行预测试。④问卷定稿。通过预测试发现的问题，对问卷作最后修改，确定问卷的类型、结构和版式后，形成了封闭式结构问卷的最终定稿。

王重鸣（1990）认为，问卷量表的设计应考虑四个层次的问题：问卷的理论构思与目的、问卷格式、问卷项目的语句和问卷用词。在进行问卷设计时，问卷的内容和子量表构成要根据问卷设计的目的确定；问卷应注意避免复杂语句或带有引导性的问题，要使项目用语明确、具体，尽可能避免多重含义或隐含某种假设；问卷用词要避免过于抽象以防止反应定式，同时要控制反应偏向。②　因此，在本书的整个问卷设计过程中始终坚持以下原则：①目的明确性原则。目的明确是问卷设计的基础，假设的提出以及围绕假设来设计题项都始终坚持这一原则。②题项适当性原则。一是所选题项与研究假设相符合；二是所选题项数量适当，这一点主要是根据前人经验和预试结果来确定。③语句理解一致性原则。语句理解一致性是指研究者与被试者以及被试者与被试者之间对问卷题项语句的理解要一致，否则就达不到测量的目的。④调查对象合适性原则。选择的调查对象、问卷的结构、题项的形式及用语都考虑了调查对象的合适性。

4.1.3　变量的定义与测量

本书所涉及的变量包括技术创新预期效价、技术创新预期期望、知识产权保护、企业技术创新动力、企业自主创新行为、企业竞争力和集群竞争力七个潜变量。技术创新预期效价是指企业在进行技术创新投入前对技术创新将会给企业带来的利益所作出的评估，它衡量了这种利益结果对于企业的重要性。对该变量的测量采用了扩大企业未来的产品市场、增加企业未来的利润收益、增加企业未来

---

①　转引自许冠南. 关系嵌入性对技术创新绩效的影响研究［D］. 浙江大学博士学位论文，2008.

②　王重鸣. 心理学研究方法［M］. 北京：人民教育出版社，1990. 172～176.

的知识产权收益、减缓企业目前的竞争压力、扩大企业未来的竞争优势和提高企业的品牌知名度六个题项①。技术创新预期期望是指实现企业技术创新预期效价可能性的大小，即实现期望的概率。对该变量的测量采用了企业产品创新开发的技术基础、企业的技术创新人才储备、企业的技术创新资金支持、企业创新开发的成功经验、企业高管对技术创新成功的信心、企业得到来自集群的技术协助和政府对创新企业会否提供技术支持和资金补贴七个题项②。知识产权保护是指依照现行法律法规，对侵犯知识产权的行为进行制止和打击，以保护知识产权所有者的产权权益。对该变量的测量采用了地方政府和行业协会的宣传力度、制度配套措施以及企业内部在人才、管理方面等七个题项③。企业技术创新动力是指促使技术创新主体产生技术创新欲望和要求，并进行技术创新活动的一系列因素和条件。对该变量的测量采用了企业制定产品开发计划等七个题项④。企业自主创新行为是指技术创新企业在持续动力推动下的一种技术创新行动。对该变量的测量采用了企业产品技术主要依靠自主研发设计等五个题项⑤。企业竞争力是指在竞争性市场条件下，企业通过培育自身资源和能力，有效地向市场提供产品和服务，在为顾客创造价值的基础上，实现赢利和自身价值，并提高自身发展的综合能力和素质。对该变量的测量采用了企业人均产值等六个指标⑥（另可参见"中

---

① 理论依据为：Victor H. Vroom. *Work and Motivation* [M]. Rev. ed. Hoboken：Jossey – Bass Classics, 1995. ［美］约瑟夫·熊彼特. 经济发展理论 [M]. 何畏等译：北京：商务印书馆，1990. 251～253. J. Schmookler. *Invention and Economic Growth* [M]. Cambridge：Harvard University Press, 1966. 安立仁，张建申. 企业技术创新的动力分析 [J]. 西北大学学报（自然科学版）. 1995, 25（2）：171～175. 万君康，王开明. 论技术创新的动力机制与期望理论 [J]. 科研管理，1997, 18（2）：31～35. 许小东. 技术创新内驱动力机制模式研究 [J]. 数量经济技术经济研究，2002（3）：76～78.

② 理论依据为：Victor H. Vroom. *Work and Motivation* [M]. Rev. ed. Hoboken：Jossey – Bass Classics, 1995. 万君康，王开明. 论技术创新的动力机制与期望理论 [J]. 科研管理，1997, 18（2）：31～35. 许小东. 技术创新内驱动力机制模式研究 [J]. 数量经济技术经济研究，2002（3）：76～78.

③ 理论依据为：［美］理查德·A. 波斯纳. 法律的经济分析（上）[M]. 蒋兆康译. 北京：中国大百科全书出版社，1997. 47. 郑成思. 知识产权与国际贸易 [M]. 北京：人民出版社，1995. 21.

④ 理论依据为：J. Schmookler. *Invention and Economic Growth* [M]. Cambridge：Harvard University Press, 1966. Utterback J., Abernathy W. J. A Dynamic Model of Process and Product Innovation [J]. *Omega*, 1975（3）：639－656. Mowery D. C., N. Rosenberg. *Technology and the Pursuit of Economic Growth* [M]. New York：Cambridge University Press, 1989. 王海山. 技术创新动力机制的理论模式 [J]. 科学技术与辩证法，1992, 9（6）：22～27. 项保华. 我国企业技术创新动力机制研究 [J]. 科研管理，1994, 15（1）：45～49. 魏江，陶颜，胡胜蓉. 创新系统多层次架构研究 [J]. 自然辩证法通讯，2007（4）.

⑤ 理论依据为：Ajzen I. The Theory of Planned Behavior [J]. *Organizational Behavior and Human Decision Processes*, 1991（50）：179～211.

⑥ 理论依据为：金碚. 企业竞争力测评的理论与方法 [J]. 中国工业经济，2003（3）：5～13. 方承武，许芳. 企业竞争力评价指标设计 [J]. 技术经济，2007, 26（1）：41～52. 林黎明. 论企业竞争力评价指标体系 [J]. 中国市场，2010, 578（19）：32～35. 杨建梅，郭毅怡. 广东古镇灯具企业集群的竞争研究 [J]. 数量经济技术经济研究，2004（1）：149～154.

国产业集群竞争力系列评价指标体系"研究课题组）。集群竞争力是指集群作为一个系统对外整体的竞争能力。对该变量的测量采用了集群产品销售地区分布情况等八个指标[①]（另可参见"中国产业集群竞争力系列评价指标体系"研究课题组），详见表4-1。

在变量的测量方式上，本书主要采用主观感知方法以 Likert 五级量表的形式对变量进行测量。也有人认为，七级量表能够增加变量的变异量，提高变量之间的区分度，测量结果会更有效。但根据伯戴（Berdie，1994）的研究经验，五级量表是最可靠的，选项超过五级，一般人难有足够的辨别力。因此，本书采用五级量表来进行评估。其中 1 代表完全不同意，2 代表不同意，3 代表不确定，4 代表同意，5 代表完全同意。具体情况参见本书末所附问卷。

表4-1　潜变量定义及其可操作的测量变量对应表

潜变量	内涵	观测变量	理论依据
技术创新预期效价	企业在进行技术创新投入前对技术创新将会给企业带来的利益所作出的评估，它衡量了这种利益结果对于企业的重要性	1. 成功开发新产品会扩大贵企业未来的产品市场 2. 成功开发新产品会增加贵企业未来的利润收益 3. 成功开发新产品会增加贵企业未来的知识产权收益 4. 成功开发新产品会减缓贵企业目前的竞争压力 5. 成功开发新产品会扩大贵企业未来的竞争优势 6. 技术创新会不断提高贵企业的品牌知名度	Victor H. Vroom（1995）、熊彼特（1990）、J. Schmookler（1966）、安立仁和张建申（1995）、万君康和王开明（1997）、许小东（2002）

---

① 理论依据为：Tang H. K. An Integrative Model of Innovation in Organizations [J]. *Technovation*，1998，18（5）：297-309.　官建成，刘建妍. 产品竞争力的源泉——技术和组织的集成创新 [J]. 中国机械工程，2005，16（4）：322~337.

（续上表）

潜变量	内涵	观测变量	理论依据
技术创新预期期望	实现企业技术创新预期效价可能性的大小，即实现期望的概率	1. 贵企业具有较好的产品创新开发的技术基础 2. 贵企业具有较为充足的技术创新人才储备 3. 贵企业具有较为充足的技术创新资金支持 4. 贵企业具有新产品创新开发的成功经验 5. 贵企业高层主管对技术创新的成功具有较大的信心 6. 贵企业新产品开发能够得到来自集群的技术协助 7. 政府对于创新企业会提供技术支持和资金补贴	Victor H. Vroom （1995）、万君康和王开明 （1997）、许小东（2002）
知识产权保护	依照现行法律法规，对侵犯知识产权的行为进行制止和打击，以保护知识产权所有者的产权权益	1. 地方政府和行业协会开展了系列知识产权保护的宣传和教育活动 2. 地方政府和行业协会出台了知识产权保护的相关制度和措施 3. 集群拥有专门的知识产权管理人才 4. 集群建立了较为便捷的知识产权管理信息平台 5. 集群内企业知识产权登记方便快捷 6. 贵企业设立了专门的知识产权管理部门或职位 7. 贵企业拥有版权或专利权或商标权登记	理查德·A. 波斯纳 （1997）、郑成思（1995）

（续上表）

潜变量	内涵	观测变量	理论依据
企业技术创新动力	促使技术创新主体产生技术创新欲望和要求，并进行技术创新活动的一系列因素和条件	1. 贵企业制定了新产品开发计划 2. 贵企业设立了专门的技术研发部门或职位 3. 贵企业与高校或其他研发机构建立了合作关系 4. 贵企业制定了技术人员的学习培训和交流计划 5. 贵企业建立了技术创新的奖励制度 6. 贵企业为技术研发创新投入了一定的资金 7. 贵企业高层主管有强烈的技术创新意愿	J. Schmookler（1966），J. Utterback（1975），D. C. Mowery 和 Rosenberg（1989），王海山（1992），项保华（1994），魏江、陶颜、胡胜蓉（2007）
企业自主创新行为	技术创新企业在持续动力推动下的一种技术创新行动	1. 贵企业产品技术主要依靠自主研发设计 2. 贵企业目前正在开展若干新产品研发项目 3. 贵企业与其他研发机构进行过或正在进行相关产品合作开发 4. 贵企业经常会有技术引进行为 5. 贵企业不时会有创新产品投放市场	Ajzen（1991）
企业竞争能力	在竞争性市场条件下，企业通过培育自身资源和能力，有效地向市场提供产品和服务，在为顾客创造价值的基础上，实现赢利和自身价值，并获得自身发展的综合能力和素质	1. 贵企业人均产值较其他同类企业高 2. 贵企业研发投入较其他规模相近的同类企业高 3. 贵企业版权专利权拥有数量较其他规模相近的同类企业多 4. 贵企业产品市场占有率较其他规模相近的同类企业高 5. 贵企业顾客满意度较其他同类企业高 6. 贵企业的企业品牌和产品品牌有较高的知名度	杨建梅和郭毅怡（2004）、林黎明（2010）、金碚（2003）、方承武和许芳（2007）、"中国产业集群竞争力系列评价指标体系"研究课题组

（续上表）

潜变量	内涵	观测变量	理论依据
集群竞争能力	集群作为一个系统对外整体的竞争能力，它不仅与企业竞争力有关，还与集群的组织结构和制度因素等有关	1. 集群产品销售地区分布较广 2. 集群产品具有价格竞争优势 3. 集群产品具有质量竞争优势 4. 集群整体技术创新能力较强 5. 集群产品销售模式灵活有效 6. 集群内原材料、配件企业及服务企业较为完备 7. "中国灯饰之都"的集群品牌对集群内企业发展有利 8. 集群内著名品牌产品、企业、商标较同业其他集群多	Tang H. K.（1998）、官建成和刘建妍（2005）、"中国产业集群竞争力系列评价指标体系"研究课题组

4.2　问卷的预测与修订

为了确保问卷中变量测量的信度和效度，在问卷最终定稿并实施正式调查之前，用前述通过学界和业界充分讨论后形成的预测试问卷进行了预测试。预测试问卷的发放主要是通过直接发放、电子邮件传送和 QQ 群发送等形式，共计向政府有关主管人员、行业协会负责人、行业协会会员、企业高管以及少数从业人员发放预测试问卷30份。由于预测试问卷的发放对象是建立在一定关系基础上可追访的对象，30份预测试问卷全部收回。由于预测试问卷的样本量小，对预测试问卷没有采取机械的数据统计分析方法，主要是根据对回收问卷的阅读掌握情况信息，并与部分受访对象进行追访讨论。讨论主要是对诸如指导语是否明晰、正文的遣词用句是否清晰得当、题目设置是否合理、测题的信度是否达到要求等方面进行了进一步的甄别。通过讨论，删除了信度不达标和含义有交叉的题项，修改了不合理或可能产生歧义的文字，最终形成了正式的问卷（注：表4-1的观测变量已是最终版的问卷题项，原预测版问卷共有观测题项62个，预测试后经过删除、合并，最终保留了46个。参见附录）。

问卷的发放主要是通过古镇商会、古镇政府有关部门及华艺灯饰集团等古镇当地机构的协助，发放形式有现场直接发放、电子邮件传送等方式，除此之外，笔者还通过加入十几个古镇灯饰 QQ 群，在前期访谈交流的基础上发放和回收了部分问卷。

4.3 研究方法的选择与具体的数据分析框架

4.3.1 研究方法选择的依据

本研究意在从企业的层面探索企业技术创新的动机及其激励因素，探寻企业的创新动机能够在多大程度上转化为企业的创新行为，这种创新行为对提升企业的竞争力，进而对提升集群的竞争力有怎样的影响，探寻知识产权保护对技术创新的影响及其二者的互动关系等。这些问题涉及不同领域和不同层面的多个概念和多元变量，变量之间的因果关系错综复杂，既有多因一果和一因多果的简单因果关系，也有多因多果和互为因果的复合因果关系，而且很多变量涉及态度、动机和行为，无法直接观测和测量，即使能够通过间接方法测量出来，也可能会存在较大误差。探索和研究上述问题，需要对上述提到的各种变量进行数据统计和数据分析，但仅凭线性相关分析、线性回归分析等传统的统计分析方法已不能完全地解决上述问题。例如，传统的线性相关分析方法仅能两两地分析变量之间的关系，而无法明确变量之间的因果内涵；传统的线性回归分析方法只能提供变量间的直接效应而不能显示可能存在的间接效应，而且还会由于共线性，导致出现单项指标与总体变量呈负相关等无法解释的数据分析结果。近 30 年来，逐渐发展和成熟起来的结构方程建模方法克服了传统统计方法的不足，对传统统计方法进行了整合和扩展，能够解决本研究所提出的上述问题。因此，本书将选择主要采用这种结构方程建模分析方法并辅之以传统的统计分析方法的研究方案。

结构方程建模方法是"一种验证一个或多个自变量与一个或多个因变量之间的相互关系"的数据分析技术[1]，作为一种多元统计技术，SEM 已被广泛地应用于社会学、心理学、经济学、管理学和教育学等多个领域。[2] 结构方程模型的思想最初源于 20 世纪 20 年代怀特提出的路径分析统计技术，70 年代初，朱里斯考克（Joreskog）等学者将因子分析、路径分析等统计方法加以整合，初步提出了结构方程模型的概念，并在其后提出了测量模型和结构模型的概念，促成了 SEM 的形成和发展。[3] 与传统的统计方法不同，结构方程模型允许有多个变量，既有能够观测的显在变量，也有无法直接观测的潜在变量；不同于传统的回归分析，结构方程建模方法能同时处理多个因变量，并可比较及评价不同的理论模型；不

---

① Ullman J. B. Structural Equation Modeling. In: B. G. Tabachnick and L. S. Fidell, eds., *Using Multiva-riate Statistics* [M], 3rd ed., New York: Harper Collins College Publishers, 1996. 709 – 819.

② 郭志刚. 社会统计分析方法——SPSS 软件应用 [M]. 北京: 中国人民大学出版社, 1995.

③ Hershberger S. The Growth of Structural Equation Modeling: 1994 – 2001 [J]. *Structural Equation Modeling*, 2003 (10): 35 – 46.

同于传统的探索性因子分析，在结构方程模型中，我们可以提出一个特定的因子结构，并检验它是否吻合数据；通过结构方程模型的多组分析方法，我们还可以了解不同组别内各变量的关系是否保持不变，各因子的均值是否存在显著差异。

结构方程建模方法对于本书而言，不仅是必要的，也是可能的。经过 30 多年的发展和应用实践，目前该方法已广泛应用于经济学、社会学、心理学和行为科学等领域的研究中，已有许多应用成功的案例并积累了丰富的使用经验，再加上该方法近年来引入了计算机技术，成功开发了 LISREL、AMOS、EQS、Mplus等多款可以用来处理结构方程建模的应用软件，这使该方法的运用变得更加方便快捷。下面对结构方程建模的方法及其特点和应用步骤作进一步的介绍和分析。

4.3.2 结构方程建模方法及其特点

结构方程建模方法作为一种主要和通用的线性统计建模技术，是对传统统计方法的巨大改进，它把测量方程和结构方程完美地结合起来，成为多变量数据分析的重要手段之一。它是计量经济学、计量社会学与计量心理学等领域的统计分析方法的综合，多元回归、因子分析和路径分析等方法都只是结构方程建模中的一种特例。在社会科学以及经济、市场、管理等研究领域，有时需处理多个原因、多个结果的关系，或者会碰到不可直接观测的变量（即潜变量），这些都是传统的统计方法不能很好解决的问题。20 世纪 80 年代以来，结构方程模型方法迅速发展，弥补了传统统计方法的不足，成为多元数据分析的重要工具。

结构方程模型的变量分为显变量与潜变量，其中显变量是研究者可以观测得到的被结构方程建模用来分析与计算的基本元素，而潜变量则是由显变量推测出来的变量。因此，在结构方程建模的分析中，显变量又被称为潜变量的观测变量或外显变量，其内容和数量是由潜变量决定的。按照变量在路径分析中的影响关系来划分，SEM 模型中的变量又可分为内生变量与外生变量。其中内生变量是指模型中会受到其他变量影响的变量，也就是在变量关系的路径图中会受到其他变量以单箭头指向的变量；外生变量是指模型中不受其他变量影响但影响其他变量的变量，在变量关系的路径图中会指向其他变量但又不被其他变量以单箭头指向的变量。综合结构方程建模模型中变量的以上两种划分，结构方程建模中的变量可以区分为内生观测变量、外生观测变量、内生潜变量与外生潜变量四种类型。当一个潜变量作为内生变量时，称为内生潜变量，它所影响的观测变量则称为内生观测变量；当一个潜变量作为外生变量时，称为外生潜变量，它所影响的观测变量则称为外生观测变量。在结构方程建模模型中，观测变量可以是内生变量，也可以是外生变量，这是由它背后潜变量的性质和角色确定的。结构方程建模方法就是用来检验观测变量（指标）和潜变量、潜变量和潜变量之间关系的一种多元统计方法，目的就是在我们能够度量的量的基础上，得出我们不能够度量的量之间的关系。

就变量间的关系而言，一个结构方程模型包括结构模型和测量模型。结构模型表述了潜变量之间的因果关系，测量模型则度量了潜变量与其观测变量之间的推估或解释关系。结构方程模型的方程有两种：测量方程和结构方程。测量方程是表示观测变量 X、Y 与潜变量 η、ξ 之间关系的方程组，如式（4-1）：

$$Y = \Lambda_y \eta + \varepsilon$$
$$X = \Lambda_x \xi + \delta \tag{4-1}$$

结构方程是表示潜变量与潜变量之间关系的方程组，如式（4-2）：

$$\eta = B\eta + \Gamma\xi + \varsigma \tag{4-2}$$

以上两式中，X 是由外生指标组成的向量，Y 是由内生指标组成的向量；Λ_x 表示外生指标与外生潜变量之间的关系，Λ_y 表示内生指标与内生潜变量之间的关系；δ 是外生指标 x 的误差项，ε 是内生指标 y 的误差项，η 为内生潜变量，ξ 为外生潜变量；B 表示内生潜变量之间的关系，Γ 表示外生潜变量对内生潜变量的影响，ς 为结构方程的残差项。

4.3.3　结构方程建模方法的主要步骤

用结构方程模型进行数据分析的过程可以分为四个步骤[①]：

（1）模型建构（Model Specification）。即设定初始的理论模型或概念模型，设定模型的依据是理论或先前相关的研究结论。具体来说，就是对观测变量（即指标）与潜变量（即因子）之间的关系，以及各个潜变量之间的关系进行设定。在复杂模型中，还可以对部分因子负荷或因子相关系数等参数的数值或关系进行限定。

（2）模型拟合（Model Fitting）。模型拟合的过程其实就是对设定的模型求解的过程。在结构方程模型的拟合中，目标是通过求得参数使模型隐含的协方差矩阵（Σ）与样本协方差矩阵（S）的差距最小。矩阵间的差距，有多种定义方法，因而会产生不同的模型拟合方法及相应的参数估计方法。在结构方程模型中，模型参数的估计常用极大似然估计法（Maximum Likelihood Estimate）和广义

---

① 郭志刚. 社会统计分析方法——SPSS 软件应用［M］. 北京：中国人民大学出版社，1995.　侯杰泰，温忠麟，成子娟. 结构方程模型及其应用［M］. 北京：教育科学出版社，2004.

最小二乘法（Generalized Least Squares Estimate）。

（3）模型评价（Model Evaluation）。主要指根据求得的参数值，判断结构方程的解是否恰当，即模型与数据之间是否拟合。衡量模型拟合程度的参数值包括NNFI、CFI、RMSEA 等[1]。首先要看这些参数值是否恰当，即它们是否在合理范围内。除了衡量参数值以外，还需看参数之间有无互相矛盾的现象，与理论假设是否存在严重冲突。

（4）模型修正（Model Modification）。如果模型对数据的拟合不够好，则需要对模型进行修正和重新设定，以此提高模型的拟合程度。每一次模型修正需重复前三步的工作。得到最后的模型之后，最好用另一个独立样本交互确立（Cross-Validate）。

4.3.4 具体的数据分析框架

本研究将对通过问卷调查方式收集到的数据进行描述性统计分析、信度和效度检验、相关性分析、结构方程模型分析和结构方程模型评价等的数据统计工作，使用的分析软件为 SPSS 16.0 版和 LISREL 8.7 版。

1. 描述性统计分析

描述性统计分析主要针对受访企业的基本资料和问卷填写人的个人资料，包括受访企业的成立或迁入时间、产值规模以及问卷填写人的企业身份和在企业的工作年限等。利用描述性统计分析说明各变量的频数分布、百分比，描述样本的类别、特征和比例分配状况。

2. 信度和效度检验

问卷调查法通常都是以量表为测量工具，量表的质量决定了研究结果的可靠性信度和效度检验就是用来衡量和评判量表质量方法。信度即测量的可靠性，反映的是测量结果的一致性或稳定性。常用的信度指标有 Cronbach Alpha 系数和分半信度（Split-half Reliability）两种。按照克罗克（Crocker）和阿尔吉纳（Algina，1986）的观点，Cronbach Alpha 系数优于分半信度。事实上，Cronbach Alpha系数是目前采用最多的一种用来衡量量表各题项一致性程度的信度指标，本书即采用 Cronbach Alpha 系数这一信度指标，具体操作为针对各变量所对应的问卷题项，计算其 Cronbach Alpha 值，以评价测量信度。对于 Cronbach Alpha 系数的评判标准，研究者们持有不同意见。DeVellis（1991）指出，Cronbach Alpha 系数值如果在 0.60 至 0.65 之间不宜接受，介于 0.65 至 0.70 间是最小可接受值，介

---

① 温忠麟，侯杰泰，马什赫伯特. 结构方程模型检验：拟合指数与卡方准则[J]. 心理学报，2004，36（2）：186～194.

于 0.70 至 0.80 之间则相当好，介于 0.80 至 0.90 之间就非常好。① 纳勒利（Nunnally，1978）则认为 Cronbach Alpha 系数值等于 0.70 是可以接受的最低边界值②。

效度是指量表或问卷对于其要测量的特性能够测量到何种程度的估计③，即是衡量测量工具（量表）正确性的一个指标。测量的效度越高，表示测量的结果越能显示欲测对象的真正特征。效度一般可分为表面效度（Face Validity）、效标关联效度（Criterion-related Validity）、内容效度（Content Validity）和构念效度（Construct Validity）四种④。表面效度是指从表面看来量表的可信度以及受访者对量表的接受程度⑤，此类效度往往由专家评判，研究者一般不作说明；效标关联效度是指多个潜变量之间的关系，一般可以用路径模型（Path Model）来检验；内容效度是指量表或问卷在多大程度上覆盖根据研究目的所需达到的方面和领域，也是一个不能用统计数据来检验的主观指标；构念效度由聚合效度（Convergent Validity）和区分效度（Discriminant Validity）组成，前者是指不同的观测变量可否用来测量同一个潜变量，后者则指不同潜变量之间是否有着显著差异。在结构方程模型中，通过进行验证性因子分析（Confirmatory Factor Analysis，CFA）可以检验构念效度，验证性因子分析的因子负荷矩阵反映了聚合效度，验证性因子分析的因子相关系数矩阵则反映了区分效度。本研究将采用因素分析法检验构念效度。

3. 相关性分析

相关性分析是研究变量间密切程度的一种统计方法，相关系数（Correlation Coefficients）是描述变量间线性关系程度和方向的统计量，常使用系统默认的 Pearson 系数 r。当 r 值为正值时，意味着关系的方向是正相关，r 值为负值时是负相关，相关度则与正值相对应。本研究的相关性分析主要是分析技术创新预期效价、技术创新预期期望、知识产权保护、企业技术创新动力、企业自主创新行为、企业竞争力和集群竞争力这七个潜变量之间的相互影响作用，以判断是否存在多重共线性问题。

---

① DeVellis R. F. *Scale Development：Theory and Applications* [M]．San Francisco：Sage Publications，1991.

② Nunnally J. *Psychometric Theory*[M]．2nd ed. New York：McGraw‐Hill，1978.

③ 金喻．心理测量 [M]．上海：华东师范大学出版社，2001.

④ 张伟雄，王畅．因果关系理论的建立——结构方程模型 [J]．//陈晓萍，徐淑英，樊景立．组织与管理研究的实证方法 [M]．北京：北京大学出版社，2008.

⑤ Ingram G. J. A New Species of Legless Skink Anomalous Pluto from Cape York Peninsula，Queensland [J]．*Victorian Naturalist*，1977，94（2）：52－53.

4. 结构方程模型分析

本研究运用结构方程建模方法构建各潜变量之间相互关系的模型，并检验研究假设。主要采用结构方程模型的验证性实证研究的资料分析法，作为一种以回归为基础且结合了路径分析的多变量分析技术，能同时处理多组变量之间的关系，其目的在于探究变量间的因果关系并且予以检验。通过测量模型和结构模型，结构方程模型分析能够同时观察潜变量与观测变量和潜变量之间的关系。[①] 本书探索企业技术创新动力、技术创新行为以及知识产权保护对企业及集群竞争力的影响作用机理，其中多数变量是不能直接观测的潜变量，因此需要应用结构方程模型的分析方法来检验理论模型的正确性。

5. 结构方程模型评价

结构方程中，根据不同的假设模型可以估算出其近似协方差矩阵（Σ），将其与样本协方差矩阵（S）进行比较，二者越接近，则说明假设模型所代表的变量关系越接近真实样本总体变量之间的关系，就可以认为模型拟合了数据。

结构方程中模型拟合程度的评价可以从三个方面进行[②]，一是通过各拟合指数对模型进行整体评价，常用的拟合指数包括 x^2、x^2/df、NFI、NNFI、IFI、CFI、GFI、AGFI、RMSEA 等；二是对某些参数的显著性（Significance Level）进行检验，并评价参数的意义和合理性；三是通过计算测定系数（Coefficient of Determination）来评价方程对数据的解释能力。

拟合指数是拟合优度指数（Goodness of Fit Statistic）的简称，是人们基于不同角度构造出来的用于反映模型拟合好坏的统计量。结构方程中的拟合指数主要包括三类：一是绝对拟合指数（Absolute Fit Index），即只基于假设模型隐含的协方差矩阵和样本协方差矩阵的绝对指数（Absolute Index）。常用的绝对拟合指数包括 x^2、RMSEA、SRMR、GFI、AGFI 等。其中，GFI 和 AGFI 受到样本量 N 的影响而波动较大，因此现在并不常用；[③] 二是相对拟合指数（Relative Fit Index），是用一个比较严格的基准模型来和理论模型比较，测量其拟合改进的程度，常用的相对拟合指数包括 NFI、NNFI、CFI、RFI 等；三是简约拟合指数（Parsimony Fit Index），即拟合指数乘以简约比 df_T/df_N 得到的指数，其中分子和分母分别表示拟合假设模型和虚拟模型对应的自由度，这样做的目的是惩罚复杂模型，更正模型的过度拟合。复杂模型的拟合指数总是倾向于比简单模型的拟合指数好一些，因为复杂模型的自由度相对较小。

① 侯杰泰，温忠麟，成子娟. 结构方程模型及其应用［M］. 北京：教育科学出版社，2004.

② 侯杰泰，温忠麟，成子娟. 结构方程模型及其应用［M］. 北京：教育科学出版社，2004.

③ Hu L., Bentler P. M. Fit Indices in Covariance Structure Modeling: Sensitivity to Underparameterized Model Misspecification［J］. *Psychological Methods*，1999（3）：424-453.

4.4 小　结

本章首先介绍了本研究数据采集的样本总体及样本采集途径，说明了样本选取的代表性和数据的可用性；其次，论述了调查问卷的设计依据和设计过程，给出了潜变量的定义及其观测变量的题项，并对问卷量表的理论依据作了说明，介绍了问卷的预测试和修订过程；再次，介绍了研究方法的选择和可能性，阐述了结构方程建模方法的特点和应用步骤；最后，介绍了本研究的具体分析框架，其中包括描述性统计分析、信度和效度检验、相关性分析、结构方程模型分析以及结构方程模型评价等。

第 5 章

数据分析与实证结果

本章首先介绍了样本数据的采集情况，接着对样本数据进行了描述和分析，包括受访企业的成立年限、资产产值规模、主营业务等统计特征和各变量的描述统计数值；其次，对各研究变量的问卷量表进行了信度和效度检验；再次，对模型进行了验证性因子分析和其他相关分析；最后，用全模型分析检验了理论模型并验证了各项研究假设。

5.1 样市分析

5.1.1 样本采集概况

本研究的数据采集时间为 2011 年 6 月至 2011 年 9 月。采集对象是在古镇登记注册的中山古镇灯饰产业集群中的企业，样本总量约 6 500 家。问卷的发放主要是通过古镇商会、古镇政府有关部门及华艺集团等古镇当地机构的协助。在样本的抽样控制方面，我们充分考虑到企业的年限、主营业务类别、人员规模、资产规模等方面的差异，力争保证样本选取的代表性。另外笔者还通过加入的十几个古镇灯饰 QQ 群发送了问卷并收到了部分回复。共发放问卷 600 份（不包括通过 QQ 群发送的问卷），回收问卷 416 份，有效问卷 383 份，问卷回收率 69%，问卷有效率 92%。

5.1.2 样本基本特征

在调查问卷中，设置了受访企业的企业年限、资产规模、年产值规模、主营业务等反映企业基本特征的指标。通过对古镇灯饰产业集群样本企业基本特征等指标的分析，一方面可以了解样本的总体特征，另一方面也有助于判断研究样本是否具有代表性，是否符合抽样调查对样本代表性的要求。

1. 企业规模（资产）

在"贵企业规模（资产）"的题项里，设置了六个梯度：①500 万以下；②500 万~1 000 万；③1 000 万~5 000 万；④5 000 万~1 亿；⑤1 亿~10 亿；⑥10

亿以上。样本企业在资产规模上的统计分布见表5－1，样本企业在资产规模上的频数统计见图5－1。

表5－1　研究样本企业整体特征：企业规模（资产）

规模梯度	频数	百分比（%）	有效百分比（%）	累计百分比（%）
①	202	52.7	52.7	52.7
②	38	9.9	9.9	62.7
③	66	17.2	17.2	79.9
④	40	10.4	10.4	90.3
⑤	14	3.7	3.7	94.0
⑥	23	6.0	6.0	100.0
合计	383	100.0	100.0	

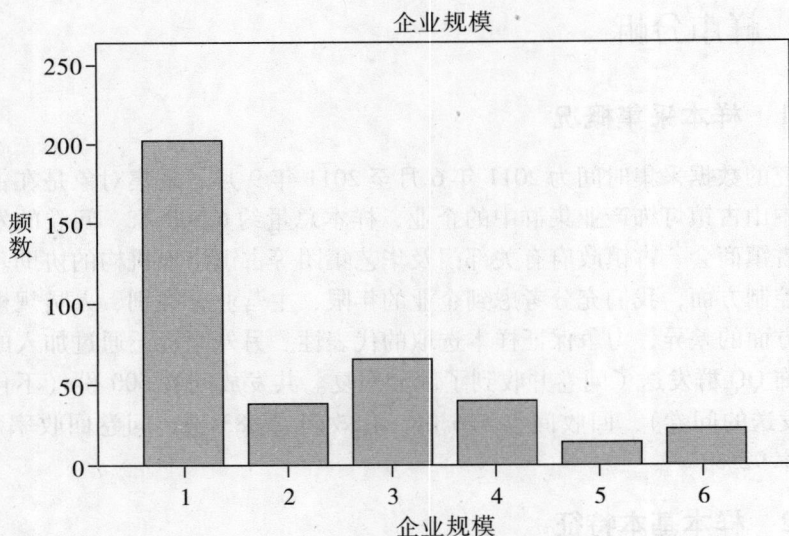

图5－1　企业规模（资产）频数统计图

对回收问卷的统计显示：资产规模在500万元以下的小企业占样本总量的52.7%，资产规模在1亿元以下的企业的累积百分比为90.3%，成为样本的主体。这与访谈中了解的情况以及古镇政府提供的资料基本是一致的。古镇灯饰产业集群是自发生长起来的集群，中小企业是主体，向来都被认为是中小企业集群。但随着政府政策的支持和近年来的发展，资产规模较大的企业也在逐渐增多，像华艺、欧普、开元等较大型的企业资产规模都达到 10 亿以上。本次的调查统计也显示，资产在 10 亿元以上的样本企业占样本总数的 6%。因此笔者认为调查样本能够反映古镇灯饰产业集群企业实际的资产规模特性，因而样本具有充分的代表性。

2. 企业年产值规模

企业的年产值规模反映企业目前的生产能力。调查问卷在"贵企业年产值规模"的题项里，设置了六个梯度：①100 万以下；②100 万 ~ 500 万；③500 万 ~ 1 000 万；④1 000 万 ~ 5 000 万；⑤5 000 万 ~ 1 亿；⑥1 亿以上。样本企业在年产值规模上的统计分布见表 5 - 2。

表 5 - 2　研究样本企业整体特征：企业年产值规模

规模梯度	频数	百分比（%）	有效百分比（%）	累计百分比（%）
①	63	16.4	16.4	16.4
②	101	26.4	26.4	42.8
③	60	15.7	15.7	58.5
④	76	19.8	19.8	78.3
⑤	24	6.3	6.3	84.6
⑥	59	15.4	15.4	100.0
合计	383	100.0	100.0	

样本统计显示：年产值规模最多的企业集中在 100 万 ~ 500 万元，占样本总量的 26.4%，有 78.3% 的企业年产值规模在 5 000 万元以下，年产值规模在 1 亿元以上的企业占样本总量的 15.4%，也是一个不小的比例。这也与访谈中了解到的情况以及古镇政府提供的资料基本上是一致的。因此，从年产值规模的调查统计来看，调查样本能够反映出古镇灯饰产业集群企业实际的生产能力特征，因而样本具有充分的代表性。同时，这一统计结果也为我们提供了古镇灯饰产业集群企业目前的生产能力状况。

3. 企业年限

调查问卷设置了"贵企业成立（或迁入）年限"这一题项，目的是调查集群企业的变动情况，分析集群发展过程中企业的起落沉浮。统计结果如图 5 - 2 所示。

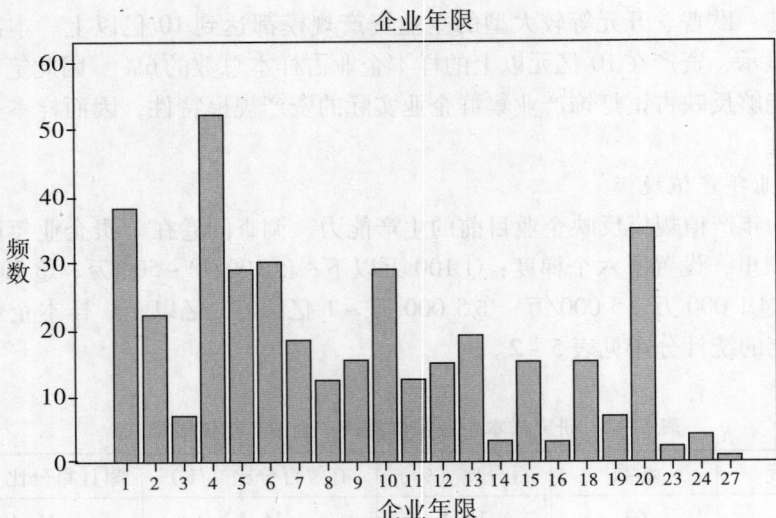

图 5-2　企业年限频数统计图

　　样本的统计结果表明，年龄在 1～10 年的企业较多，反映了近 10 年来古镇灯饰产业集群的发展势头良好。统计结果还显示，成立（或迁入）年限在 4～6 年的企业明显多于其他年龄阶段，说明在 2006—2008 年的几年中，集群有了一个跨越式的发展，这也与古镇政府提供的资料及我们在访谈中了解的情况非常一致。从 2005 年开始，新一轮的房地产热席卷全国，到 2008 年金融危机爆发以前，全国的房地产业迅速膨胀。另外，2008 年中国举办北京奥运会，包括北京在内的许多城市为了迎接北京奥运会，纷纷启动亮化工程，这些背景都为古镇灯饰产业提供了一个很好的发展契机。从上述统计数据来看，古镇灯饰产业集群抓住了这一契机，壮大了实力，扩大了影响。如，华艺灯饰集团所承接的鸟巢照明工程以其出色的表现，为古镇灯饰产业集群赢得了很高的品牌声誉。从统计的结果中还可以看到，年限在 20 年以上的企业仍然占有不小的比例，这说明伴随着古镇灯饰产业集群成长起步最早的一批企业如今仍然发展得很好。样本企业年限的统计结果同时表明，样本具有充分的代表性。

　　4. 企业主营业务

　　调查问卷设置了"贵企业主营业务"这一题项，选项分为五个类型：①原材料供应商；②零部件生产商；③成品生产商；④经销商或代理商；⑤其他。目的是调查集群的产业结构以及产业链的情况。统计结果如表 5-3 所示。

表 5 - 3 研究样本企业整体特征：企业主营业务

主营业务类型		频数	百分比（%）	有效百分比（%）	累计百分比（%）
有效数据	①	32	8.4	8.4	8.4
	②	84	21.9	22.0	30.4
	③	229	59.8	59.9	90.3
	④	35	9.1	9.2	99.5
	⑤	2	.5	.5	100.0
	小计	382	99.7	100.0	
缺失数据	System	1	.3		
合计		383	100.0		

样本的统计结果显示，成品生产商占整个样本量的59.8%，其次是零部件生产商，占整个样本量的21.9%，两项加总为81.7%；原材料供应商占8.4%，经销商或代理商占9.1%，其他只占0.5%。这一结果也与我们在此前了解的古镇灯饰产业集群的情况基本吻合。古镇产业集群的企业大多一直处在灯饰产业价值链的中段，即所谓"微笑曲线"的低端，以生产为主，产销一体化。专门的技术研发和产品设计较弱，模仿现象较为普遍，近两年的情况虽然有所改观，但与古镇政府理想的目标还相距甚远。营销也是在近两年才开始受到重视。这一数据说明，古镇灯饰产业集群的产业分工是不够充分的，整个集群还处在价值链中段较低的部分，急需向价值链两端扩展，加强研发设计和营销。

5. 研发部门的设置

调查问卷设置了"贵企业是否设立有研发部门或职位"这一题项，选项分为四种类型：①设有专门的研发部门；②设有专门的研发职位；③设有兼职的研发职位；④没有设立研发职位。目的是调查、了解企业的研发设计情况及其对研发设计的重视程度。统计结果如表5-4所示。

表 5 - 4　研究样本企业整体特征：研发部门

类型		频数	百分比（％）	有效百分比（％）	累计百分比（％）
有效数据	①	156	40.7	40.7	40.7
	②	77	20.1	20.1	60.8
	③	87	22.7	22.7	83.6
	④	63	16.4	16.4	100.0
合计		383	100.0	100.0	

从样本的统计结果来看，设有专门的研发部门或职位的企业达60.8％，设有兼职的研发职位的企业占22.7％，没有设立研发职位的企业占16.4％。这说明随着"中国中山（灯饰）知识产权快速维权中心"的挂牌成立，技术研发在古镇灯饰产业集群中正受到越来越多企业的重视，与前些年的情况相比，有了较大的改观。

6. 知识产权管理部门的设置

调查问卷设置了"贵企业是否设立有知识产权管理部门或职位"这一题项，选项分为四种类型：①设有专门的管理部门；②设有专门的管理职位；③设有兼职的管理职位；④没有设立管理职位。目的是调查了解企业的知识产权管理情况及其对知识产权管理的重视程度。统计结果如表5－5所示。

表 5 - 5　研究样本企业整体特征：知识产权管理部门

类型		频数	百分比（％）	有效百分比（％）	累计百分比（％）
有效数据	①	44	11.5	11.5	11.5
	②	45	11.7	11.7	23.2
	③	140	36.6	36.6	59.8
	④	154	40.2	40.2	100.0
合计		383	100.0	100.0	

与上述研发部门的设置情况相比，样本企业知识产权管理部门的设置数目要少得多。设有专门的知识产权管理部门或职位的企业总共只有23.2％，没有设立知识产权管理职位的企业占40.2％。这说明在古镇灯饰产业集群中知识产权保护意识还没有深入人心。

5.2 效度分析

效度是指测量工具能够测出其所要测量的变量特征的正确性程度，即测量在多大程度上反映了变量的真实含义。效度越高，即表示测量结果越能显示其所要测量变量的特征。本研究主要通过因子分析方法，对量表各变量和问卷总体的效度进行分析，按照特征根大于1的原则和最大方差法正交旋转进行因素抽取。由于分析方法和过程均一致，为节省篇幅，除详细列出第一个潜变量的分析过程，其余变量的分析过程会简化。

1. 技术创新预期效价

首先检验变量间相关性。表5-6是变量"技术创新预期效价"的 KMO 检验和巴特利特球度检验结果数据表。从表中可以看到，KMO 样本测度值为 0.834，Bartlett's test 值为 218.1，对应的显著性概率是 0.000，小于 0.01，二者都表明观测变量间相关性强，适合进行因素分析。

表5-6 技术创新预期效价的 KMO 检验和巴特利特球度检验结果数据

Kaiser – Meyer – Olkin Measure of Sampling Adequacy.		.834
Bartlett's Test of Sphericity	Approx. Chi – Square	2.181E3
	df	15
	Sig.	.000

因子分析结果得到一个因素结构，因子的载荷矩阵如表5-7所示。

表5-7 技术创新预期效价的因素载荷矩阵

代号	题项	因子
创新效价5	成功开发新产品会扩大贵企业未来的竞争优势	.929
创新效价2	成功开发新产品会增加贵企业目前的竞争压力	.891
创新效价6	技术创新会不断提高贵企业的品牌知名度	.880
创新效价4	成功开发新产品会减缓贵企业未来的利润收益	.880
创新效价1	成功开发新产品会扩大贵企业未来的产品市场	.847
创新效价3	成功开发新产品会增加贵企业未来的知识产权收益	.818
	解释方差	76.528%

　　该表显示，技术创新效价的 6 个观测变量的绝大部分信息都可以由一个因子（技术创新效价）来加以解释，该因子解释了总方差 76.528%，因子提取的总体效果比较理想，观测变量对因素的载荷符合要求，测量量表具有较高的效度。

　　技术创新效价的因子得分系数矩阵如表 5 - 8 所示。

表 5 - 8　技术创新效价的因子得分系数矩阵

	Component
	1
创新效价 1	.184
创新效价 2	.194
创新效价 3	.178
创新效价 4	.192
创新效价 5	.202
创新效价 6	.192

　　根据表 5 - 8 可以写出如下的因子得分系数：

　　技术创新效价 = 0.184（创新效价 1）＋0.194（创新效价 2）＋0.178（创新效价 3）＋0.192（创新效价 4）＋0.202（创新效价 5）＋0.192（创新效价 6）。

　　2. 技术创新预期期望

　　变量"技术创新预期期望"的 KMO 检验和巴特利特球度检验结果数据表略。KMO 样本测度值为 0.805，Bartlett's test 值为 192.0，对应的显著性概率是 0.000，小于 0.01，适合进行因素分析。因子分析结果得到一个因素结构，因子的载荷如表 5 - 9 所示。

表 5 - 9　技术创新预期期望的因素载荷矩阵

代号	题项	因子
创新期望 2	贵企业具有较为充足的技术创新人才储备	.879
创新期望 1	贵企业具有较好的产品创新开发的技术基础	.879
创新期望 7	政府对于创新企业会提供技术支持和资金补贴	.846
创新期望 4	贵企业具有新产品创新开发的成功经验	.843
创新期望 3	贵企业具有较为充足的技术创新资金支持	.842
创新期望 5	贵企业高层主管对技术创新的成功具有较大的信心	.640
创新期望 6	贵企业新产品开发能够得到来自集群的技术协助	.568
	解释方差	63.030%

上表显示，技术创新预期期望的量表解释了总方差63.030%，观测变量对因素的载荷符合要求，上述分析结果表明此部分的量表可以通过。

3. 知识产权保护

变量"知识产权保护"的 KMO 样本测度值为 0.821，Bartlett's test 值为223.9，对应的显著性概率是 0.000，小于 0.01，适合进行因素分析。因子分析结果得到一个因素结构，因子的载荷如表 5-10 所示。

表 5-10 知识产权保护的因素载荷矩阵

代号	题项	因子1	因子2
产权保护6	贵企业设立了专门的知识产权管理部门或职位	.885	.133
产权保护7	贵企业拥有版权或专利权或商标权登记	.848	.169
产权保护1	地方政府和行业协会开展了系列知识产权保护的宣传和教育活动	.847	-.424
产权保护2	地方政府和行业协会出台了知识产权保护的相关制度和措施	.826	-.421
产权保护3	集群拥有专门的知识产权管理人才	.765	-.507
产权保护5	集群内企业知识产权登记方便快捷	.711	.637
产权保护4	集群建立了较为便捷的知识产权管理信息平台	.638	.597
	解释方差比例	62.819%	20.331%
	总解释方差		83.151%

上表显示，7 个观测变量在因子 1 上的载荷都很高，意味着它们与因子 1 的相关度很高，且该因子很重要；第 2 个因子与原有变量产权保护 6 和产权保护 7 的相关性较小，与其余变量的相关性较大。根据题目的含义，因子 1 命名为企业内部知识产权保护（2 个题项），因子 2 命名为企业外部知识产权保护（5 个题项）。两个因子解释了总方差83.151%，观测变量对因素的载荷符合要求，此部分的量表可以通过。

4. 技术创新动力

变量"技术创新动力"的 KMO 样本测度值为 0.809，Bartlett's test 值为216.1，对应显著性概率是 0.000，小于 0.01，适合进行因素分析。因子分析结果得到一个因素结构，因子的载荷如表 5-11 所示。

表 5 - 11　技术创新动力的因素载荷矩阵

代号	题项	因子
创新动力 2	贵企业设立了专门的技术研发部门或职位	.854
创新动力 1	贵企业制定了新产品开发计划	.846
创新动力 7	贵企业高层主管有强烈的技术创新意愿	.834
创新动力 4	贵企业制定了技术人员的学习培训和交流计划	.832
创新动力 3	贵企业与高校或其他研发机构建立了合作关系	.832
创新动力 5	贵企业建立了技术创新的奖励制度	.813
创新动力 6	贵企业为技术研发创新投入了一定的资金	.730
	解释方差	67.433%

表 5 - 11 显示，企业技术创新动力的因子解释了总方差 67.433%，观测变量对因子的载荷符合要求，此部分的量表可以通过。

5. 自主创新行为

变量"企业自主创新行为"的 KMO 样本测度值为 0.777，大于 0.6，Bartlett's test 值为 105.1，对应的显著性概率是 0.000，小于 0.01，适合进行因素分析。因子分析结果得到一个因素结构，因子的载荷如表 5 - 12 所示。

表 5 - 12　企业自主创新行为的因素载荷矩阵

代号	题项	因子
创新行为 2	贵企业目前正在开展若干新产品研发项目	.885
创新行为 1	贵企业产品技术主要依靠自主研发设计	.870
创新行为 5	贵企业不时会有创新产品投放市场	.851
创新行为 4	贵企业经常会有技术引进行为	.712
创新行为 3	贵企业与其他研发机构进行过或正在进行相关产品合作开发	.701
	解释方差	65.259%

表 5 - 12 显示，自主创新行为的因子解释了总方差 65.259%，观测变量对因子的载荷符合要求，此部分的量表可以通过。

6. 企业竞争能力

变量"企业竞争能力"的 KMO 样本测度值为 0.832，Bartlett's test 值为 233.8，对应的显著性概率是 0.000，小于 0.01，适合进行因子分析。因子分析结果得到一个因素结构，因子的载荷如表5-13所示。

表5-13　企业竞争能力的因子载荷矩阵

代号	题项	因子
企业竞争能力4	贵企业产品市场占有率较其他规模相近的同类企业高	.917
企业竞争能力6	贵企业的企业品牌和产品品牌有较高的知名度	.903
企业竞争能力2	贵企业研发投入较其他规模相近的同类企业高	.901
企业竞争能力5	贵企业顾客满意度较其他同类企业高	.895
企业竞争能力3	贵企业版权或专利权拥有数量较其他规模相近的同类企业多	.851
企业竞争能力1	贵企业人均产值较其他同类企业高	.804
	解释方差	77.312%

表5-13显示，集群内企业竞争能力因子解释方差为77.312%，观测变量对因子的载荷符合要求，此部分的量表通过效度检验。

7. 集群竞争能力

变量"集群竞争能力"的KMO样本测度值为0.865，Bartlett's test值为303.8，对应的显著性概率是0.000，小于0.01，适合进行因素分析。因子分析结果得到一个因素结构，因子的载荷如表5-14所示。

表5-14　集群竞争能力的因素载荷矩阵

代号	题项	因子
集群竞争能力2	集群产品具有价格竞争优势	.887
集群竞争能力6	集群内原材料、配件企业及服务企业较为完备	.875
集群竞争能力7	"中国灯饰之都"的集群品牌对集群内企业发展有利	.873
集群竞争能力5	集群产品销售模式灵活有效	.871
集群竞争能力3	集群产品具有质量竞争优势	.860
集群竞争能力4	集群整体技术创新能力较强	.859
集群竞争能力8	集群内著名品牌产品、企业、商标较同业其他集群多	.777
集群竞争能力1	集群产品销售地区分布较广	.679
	解释方差	70.194%

表 5 – 14 显示，团队知识整合的量表解释了总方差 70.194%，观测变量对因素的载荷符合要求，此部分的量表可以通过。

5.3 信度分析

信度是反映测量工具（问卷或量表等）是否可靠的基本指标，信度可以衡量出问卷量表的一致性与稳定性①。若多次测量的结果都很接近，则认为测量的信度很高，测量结果很可靠。本研究采用较常用的内在信度系数 Cronbach Alpha 来检验样本数据的信度②。

本研究对样本数据的分析采用 SPSS 16.0 软件。前述探索性因子分析结果表明，知识产权保护变量形成了两个因子子变量：企业内部知识产权保护（2 个题项）和企业外部知识产权保护（5 个题项）。各变量（含新生成因子）的信度检验结果见表 5 – 15。

表 5 – 15　样本数据信度检验结果

	变量（因子）名称	Cronbach Alpha 值	题项数量	
技术创新预期效价	创新效价	0.936	6	通过信度检验
技术创新预期期望	创新期望	0.898	7	通过信度检验
知识产权保护	企业内部保护	0.850	2	通过信度检验
	企业外部保护	0.821	5	通过信度检验
企业技术创新动力	创新动力	0.913	7	通过信度检验
企业自主创新行为	创新行为	0.849	5	通过信度检验
集群内企业竞争能力	企业竞争能力	0.940	6	通过信度检验
集群竞争能力	集群竞争能力	0.938	8	通过信度检验

在探索性研究中，Cronbach Alpha 值至少要达到 0.6③。上表显示本研究量表各因子信度检验的 Cronbach Alpha 值均分布在 0.821 ~ 0.940 之间，表明样本数

---

①　金喻. 心理测量 ［M］. 上海：华东师范大学出版社，2001.

②　孙银祚，马开剑. Cronbach 公式和 Kuder ORichardson 公式的应用研究 ［J］. 烟台大学学报（自然科学版），1999，12（1）：14 ~ 17.

③　DeVellis R. F. *Scale Development：Theory and Applications* ［M］. San Fransco：Sage Publications. 1991. Nunnally J. *Psychometric Theory*. 2nd ed. New York：McGraw – Hill，1978.

据有较高的信度水平。在上述分析的基础上，表 5 - 16 汇总了已经通过效度和信度检验的变量和题项。

表 5 - 16 初步检验后变量汇总表

序号	变量名称	题项	序号	变量名称	题项
1	技术创新效价	创新效价 1，2，3，4，5，6	5	技术创新行为	创新行为 1，2，3，4，5
2	技术创新期望	创新期望 1，2，3，4，5，6，7	6	集群内企业竞争能力	企业竞争能力 1，2，3，4，5，6
3	知识产权保护	产权保护 1，2，3，4，5，6，7	7	集群竞争能力	集群竞争能力 1，2，3，4，5，6，7，8
4	技术创新动力	创新动力 1，2，3，4，5，6，7			

5.4 变量描述性统计分析及相关分析

5.4.1 描述性统计分析

首选计算变量的平均值和标准差，计算仍采用 SPSS 16.0 软件，计算结果见表 5 - 17。结果显示，样本的标准差比较小，说明均值对数据的代表性较好；样本的偏度系数也比较小，说明样本比较接近对称分布；系数小于 0，说明有轻微的左偏；样本的峰度系数表明，数据分布接近标准正态分布，其中创新效价比标准正态分布更平缓。本研究的数据基本符合正态分布，可进行后续的统计分析。

表 5 - 17 变量的平均值和标准差

	变量名称	代码	平均值	标准差	偏度系数	峰度系数
1	技术创新预期效价	创新效价	4.237	.6444	-.304	-.929
2	技术创新预期期望	创新期望1	3.941	.6294	-.180	-.079
3	知识产权保护	产权保护	4.059	.5663	.188	-.664
4	企业技术创新动力	创新动力	3.886	.7229	-.399	.474
5	企业自主创新行为	创新行为	3.890	.6936	-.410	.038
6	集群内企业竞争能力	企业竞争能力	3.787	.7308	-.159	.027
7	集群竞争能力	集群竞争能力	3.985	.6160	-.504	.498

$N = 383$

5.4.2 相关分析

此处的相关分析主要是用来检查变量间是否存在相互影响，通过相关分析可以初步判断模型设置或假设是否合理。通过采用 SPSS 16.0 软件的分析，计算出了变量的相关性分析结果如表 5 - 18 所示。

表 5 - 18 变量的相关性分析

	创新效价	创新期望	产权保护	创新动力	创新行为	企业竞争能力	集群竞争能力
创新效价	1	.537**	.514**	.433**	.437**	.314**	.395**
创新期望	.537**	1	.601**	.711**	.649**	.641**	.422**
产权保护	.514**	.601**	1	.504**	.526**	.559**	.578**
创新动力	.433**	.711**	.504**	1	.667**	.586**	.616**
创新行为	.437**	.649**	.526**	.667**	1	.720**	.613**
企业竞争能力	.314**	.641**	.559**	.586**	.720**	1	.639**
集群竞争能力	.395**	.422**	.578**	.616**	.613**	.639**	1

**代表 Correlation is significant at the 0.01 level (2 – tailed). $N = 383$

相关性分析的结果显示，变量两两间相关系数最高者已达 0.720（如创新行为与企业竞争能力间）。虽然统计学者们认可的临界值为 0.75，表明本书的变量间存在多重共线性的可能性不高，但 0.720 的相关系数还是表明一些变量之间存在较为显著的相关性，其相关系数检验的概率 P 值近似为 0。

鉴于上述分析结果显示出了变量之间存在较为普遍的相关性，尽管还没有达到变量间存在多重共线性的临界值，但本书仍拟进行多重共线性分析。以"创新效价"作因变量，其他变量作自变量，多重共线性分析结果如表 5 - 19 所示。

表 5 - 19 变量的多重共线性分析

	Collinearity Statistics	
	Tolerance	VIF
创新期望	.393	2.546
产权保护	.481	2.080
创新动力	.132	7.587
创新行为	.226	4.416
企业竞争能力	.187	5.343
集群竞争能力	.482	2.076

注：Dependent Variable：创新效价，$N = 383$

上述多重共线性分析结果表明，容忍度（Tolerance）值在 0.132 ~ 0.482 之间，与 0 不是很接近，说明多重共线性不是很强；同时，方差膨胀因子（VIF）值在 2.076 ~ 7.587 之间，同样说明变量间的多重共线性并不严重。这两个指标说明，本书中变量之间存在一定程度的多重共线性问题，但是问题并不明显，样本数据可以应用于下一步的结构方程模型分析。

5.5 验证性因子分析

验证性因子分析（Conformatory Factor Analysis，CFA），可以用来检验某个因子模型是否与数据吻合，即评估量表的有效性和区分计量模型中的潜变量。其具体的操作流程是：首先输入观测变量之间的关系——相关矩阵 S，然后提出研究构想的简洁模型，统计软件（本书采用 LISREL 8.7 版软件）将会自动根据输入的相关矩阵 S 和构想的模型进行迭代计算，并尽量在迭代计算过程中找出一个相关矩阵——再生矩阵 Σ（Reproduced Matrix），使得这个再生矩阵 Σ 既能符合构想的模型，又能与最初输入的矩阵 S 最接近，即是与输入模型的因子负荷、因子之间的相关系数等最接近。LISREL 中常用拟合优度指数来衡量输入矩阵 S 和再生矩阵 Σ 之间的差异，此概念在上一章已作了介绍。

前文在进行效度分析时，主要是针对数据统计对量表的有效性进行的分析。验证性因子分析则直接检验观察变量与潜变量之间的关系，将理论模型与样本数据结合起来，检验理论模型的合理性和做出修正，为后续的结构方程模型分析提供修正的依据。

在验证性因子分析和结构方程模型分析中，通常将观测变量视作潜变量的测量指标，观测变量有多少个，相应的潜变量就有多少个测量指标。本研究通过对观测变量及其对应潜变量间关系进行直接检验来进一步判断各测量指标的有效性。使用 LISREL 8.7 版软件，采用最大似然估计法，对第 3 章概念模型（参见图 3 - 4）进行验证性因子分析，测量指标与潜变量的作用关系以及因子载荷见图 5 - 3。

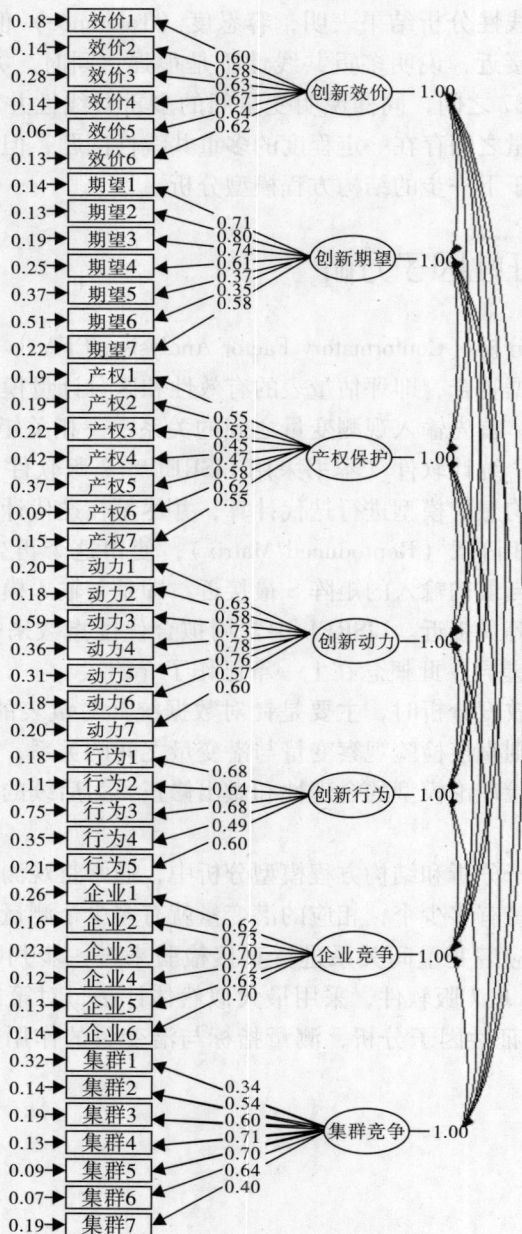

Chi-Square=14136.50,*df*=924,*P*-value=0.00000,RMSEA=0.193

图 5-3 计量模型参数估计值（第 1 次）

验证性因子分析结果显示，有不少指标的载荷值没有超过 0.5，而且卡方统计量与自由度值比值 x^2/df 较大（$x^2/df = 14136.50/924 = 15$，上限临界值为 5），近似均方根误差值 RMSEA = 0.193 也大于 0.08，各项指标均显示需要对观测变量作进一步的分析和修正。接下来的分析拟将每个潜变量对应的观测变量进行分组，将每组的观测变量结合起来，形成虚拟的测量指标，然后进行进一步的分析。

计量统计学家认为，每个潜变量均需要三个以上的测量指标。因此本研究根据调研问卷的内容将每个潜变量对应的观测变量均划分为三个虚拟的子测量指标，以各观测变量分值的平均数作为相应潜变量的测量指标值。各潜变量的虚拟测量指标含义见表 5-20。

表 5-20　各测量指标的含义

潜变量	测量指标	指标含义	潜变量	测量指标	指标含义
创新效价	效价 1	创新效价 1，2，3	创新行为	行为 1	创新行为 1
	效价 2	创新效价 4，5		行为 2	创新行为 2，3
	效价 3	创新效价 6		行为 3	创新行为 4，5
创新期望	期望 1	创新期望 1，2，3	企业竞争能力	企业 1	企业竞争能力 1，2
	期望 2	创新期望 4，5		企业 2	企业竞争能力 3，4
	期望 3	创新期望 6，7		企业 3	企业竞争能力 5，6
产权保护	产权 1	产权保护 1，2	集群竞争能力	集群 1	集群竞争能力 1，2，3
	产权 2	产权保护 3，4，5		集群 2	集群竞争能力 4，5，6
	产权 3	产权保护 6，7		集群 3	集群竞争能力 7，8
创新动力	动力 1	创新动力 1，2			
	动力 2	创新动力 3，4			
	动力 3	创新动力 5，6，7			

注：①指标含义中，创新效价 1，2，3 代表调查问卷中之题目标号，即第 1 题、第 2 题、第 3 题，其他以此类推；②虚拟测量指标效价 1 取创新效价 1，2，3 该三个观测变量之均值。

依据处理后的潜变量虚拟测量指标，用上述同样的方法对原概念模型（参见图 3-4）进行验证性因子分析，第二次的分析结果如图 5-4 所示。

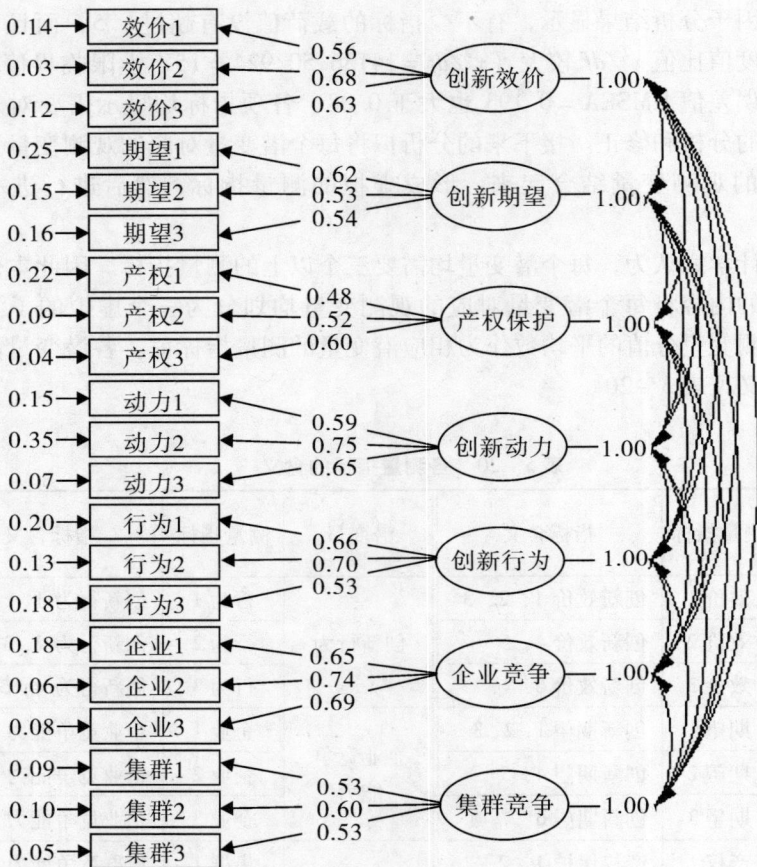

Chi-Square=424.14,df=168.P-value=0.00000,RMSEA=0.04

图 5 - 4   计量模型参数估计值（第 2 次）

对简化了观测变量的模型进行分析计算的结果显示，各虚拟测量指标的荷载值普遍大于 0.5；卡方统计量与自由度值比值 x^2/df 下降为 2.5（x^2/df = 424.14/168 = 2.5），与下限临界值 2 比较接近；近似均方根误差值 RMSEA = 0.04，小于 0.08。下面通过会聚有效性、判别有效性和拟合度三个指标，检验各潜变量测量指标的有效性。

1. 会聚有效性

会聚有效性是指同一个潜变量的各测量指标之间的正相关程度。各测量指标间的相关系数越大，会聚有效性越高。表 5 - 21 是经相关性分析计算所得的各潜变量所对应的各虚拟子测量指标之间的相关系数矩阵。

	效价1	效价2	效价3	期望1	期望2	期望3	产权1	产权2	产权3	动力1	动力2	动力3	行为1	行为2	行为3	企业1	企业2	企业3	集群1	集群2	集群3
效价1	1																				
效价2	.801**	1																			
效价3	.728**	.855**	1																		
期望1	.596**	.468**	.531**	1																	
期望2	.538**	.549**	.618**	.653**	1																
期望3	.535**	.424**	.548**	.577**	.660**	1															
产权1	.610**	.496**	.558**	.644**	.543**	.607**	1														
产权2	.477**	.500**	.673**	.658**	.499**	.625**	.599**	1													
产权3	.587**	.490**	.519**	.460**	.546**	.514**	.702**	.811**	1												
动力1	.540**	.528**	.576**	.469**	.510**	.590**	.529**	.494**	.602**	1											
动力2	.634**	.654**	.510**	.714**	.543**	.477**	.597**	.636**	.474**	.607**	1										
动力3	.471**	.540**	.486**	.606**	.653**	.660**	.515**	.492**	.408**	.797**	.717**	1									
行为1	.502**	.488**	.475**	.501**	.524**	.560**	.686**	.619**	.468**	.735**	.568**	.733**	1								
行为2	.478**	.493**	.515**	.627**	.474**	.656**	.575**	.627**	.509**	.683**	.747**	.733**	.733**	1							
行为3	.597**	.718**	.615**	.517**	.469**	.521**	.457**	.520**	.543**	.649**	.566**	.734**	.614**	.668**	1						
企业1	.474**	.569**	.643**	.617**	.535**	.552**	.656**	.563**	.516**	.684**	.801**	.765**	.589**	.700**	.616**	1					
企业2	.480**	.568**	.750**	.616**	.493**	.572**	.463**	.614**	.596**	.672**	.716**	.744**	.559**	.738**	.643**	.780**	1				
企业3	.650**	.533**	.515**	.562**	.477**	.480**	.543**	.546**	.544**	.631**	.717**	.742**	.572**	.680**	.701**	.746**	.812**	1			
集群1	.465**	.492**	.472**	.508**	.544**	.490**	.398**	.577**	.577**	.536**	.582**	.577**	.457**	.569**	.540**	.574**	.580**	.522**	1		
集群2	.455**	.555**	.442**	.746**	.489**	.545**	.448**	.520**	.631**	.514**	.539**	.543**	.664**	.556**	.594**	.496**	.453**	.472**	.767**	1	
集群3	.480**	.453**	.546**	.658**	.588**	.493**	.592**	.513**	.625**	.478**	.483**	.500**	.533**	.510**	.570**	.513**	.517**	.495**	.803**	.824**	1

** 代表 Correlation is significant at the 0.01 level (2 - tailed). $N = 383$

从上表中可以看到，对于假设模型中各潜变量对应的三个虚拟子测量指标，其相关系数落在 0.453 ~ 0.855 之间，显示各变量相应的三个子测量指标的相关性在可接受范围内。

2．判别有效性

判别有效性是指不同潜变量所对应的测量指标之间的不相关程度。一般认为可以从使用测量指标的相关系数矩阵、通过检验各潜变量之间的相关性和依据潜变量之间相关系数三个方面来判断：

（1）使用测量指标的相关系数矩阵来判断。若同一个潜变量测量指标之间的相关系数都大于这些测量指标与其他潜变量测量指标之间的相关系数，则该潜变量的测量指标有较高的判别有效性。表 5 - 21 的数值显示，本研究各个潜变量的测量指标有较高的判别有效性。

（2）通过检验各潜变量之间的相关性来判断。对于各个潜变量之间的相关系数，计算其加减 2 倍的标准误差的置信区间，如果该区间不包括 1，则该潜变量的测量指标有较高的判别有效性。表 5 - 22 的数值显示，本研究各个潜变量的测量指标有较高的判别有效性。

（3）依据潜变量之间的相关系数来判断。若各潜变量之间的相关系数都小于 0.85，则认为该量表具有一定程度的判别有效性。表 5 - 22 的数值显示，相关系数最大值为 0.72，说明本研究量表各变量具有一定程度的判别有效性。

表 5 - 22　潜变量的相关系数与置信区间

	创新效价	创新期望	产权保护	创新动力	创新行为	企业竞争能力	集群竞争能力
创新效价	1.00						
创新期望	0.47 (0.02)	1.00					
产权保护	0.42 (0.02)	0.72 (0.03)	1.00				
创新动力	0.15 (0.03)	0.18 (0.06)	0.39 (0.03)	1.00			
创新行为	0.12 (0.06)	0.29 (0.06)	0.18 (0.06)	0.28 (0.06)	1.00		
企业竞争能力	0.21 (0.06)	0.17 (0.06)	0.24 (0.06)	0.20 (0.04)	0.10 (0.04)	1.00	
集群竞争能力	0.18 (0.06)	0.25 (0.05)	0.26 (0.06)	0.15 (0.03)	0.23 (0.06)	0.56 (0.05)	1.00

注：表格中括号内数值为标准误差，其上为相关系数。

3. 模型与数据的拟合度

下面是应用 LISREL 8.7 版软件的最大似然法则进行验证性因子分析，来检验测量变量与潜变量之间的拟合度。计算结果如表 5 – 23 所示。

表 5 – 23　验证性因子分析拟合度结果

拟合程度指标	指标值	判断标准
自由度（Degrees of Freedom, df）	168	
卡方统计量（Squares Chi – Square, x^2）	424. 14	
P 值	0. 000	
卡方统计量与自由度比值（x^2/df）	2. 52	2 ~ 5
规范拟合指数（Normed Fit Index, NFI）	0. 87	大于 0. 9
不规范拟合指数（Non – Normed Fit Index, NNFI）	0. 91	大于 0. 9
增量拟合指数（Incremental Fit Index, IFI）	0. 90	大于 0. 9
比较拟合指数（Comparative Fit Index, CFI）	0. 89	大于 0. 9
拟合优度指数（Goodness of Fit Index, GFI）	0. 85	大于 0. 9
调整后拟合指数（Adjusted Goodness of Fit Index, AGFI）	0. 86	大于 0. 9
近似均方根误差（Root Mean Square Error of Approximation, RMSEA）	0. 04	小于 0. 08

验证性因子分析的结果表明，尽管还有部分测量指标的载荷值小于 0. 5，但卡方统计量与自由度比值 x^2/df 不高，已到接近下限临界值 2 的水平（x^2/df = 424. 14/168 = 2. 52），近似均方根误差值 RMSEA = 0. 04，已小于 0. 08 的临界值，其余指标也都满足要求。

综合上述会聚有效性、判别有效性和拟合度检验三个方面以及前面探索性因子分析的相关情况，总体显示本研究的调查问卷设计恰当，有较好的有效性，能够以此为基础进行概念模型与理论假设的检验分析。

5.6　模型拟合与检验

模型的拟合与检验需要对各潜变量之间的作用路径进行分析，即所谓的全模型分析。图 5 – 5 是本研究的概念模型路径结构。全模型结构路径分析包括如下两个方面：①模型的拟合度分析；②整体模型的解释能力分析。下面仍采用 LISREL 8.7 软件的最大似然估计法，对假设模型进行检验。

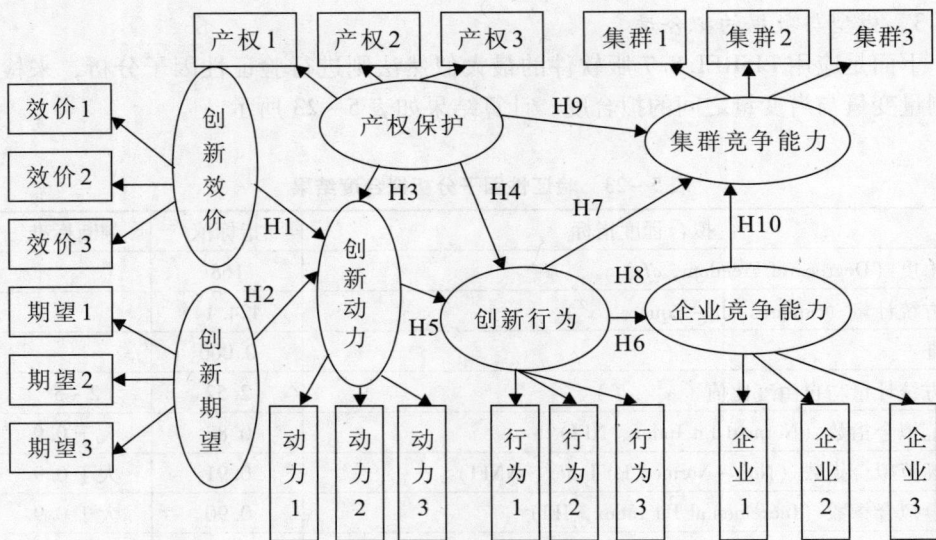

图 5 – 5 　 全模型图

　　根据统计专家的研究意见，本研究选择 11 项指标来检验整体模型的拟合度。包括自由度、卡方统计量、卡方统计量与自由度比值（ x^2 / df ）、NFI、NNFI、CFI、IFI、RFI、GFI、AGFI、RMSEA。如果 $2 < x^2 / df < 5$ ，则拟合程度可接受；NFI、NNFI、CFI、IFI、RFI、GFI、AGFI 各指标的值在 0 ~ 1 区间，各指标值越大表示拟合程度越高，大于 0.9，则模型的拟合程度较高；对于社会科学研究，AGFI 值大于 0.8 时，也表示拟合程度较高[①]；RMSEA 值的适宜范围为小于 0.08。

　　本研究的结构方程模型分析结果如表 5 – 24 所示，该表的指标数值显示，虽然有些指标不能严格地满足要求，但是都比较接近临界值，而且 AGFI 为 0.85 > 0.8，满足社会科学研究的一般要求，因此可以认为假设模型与数据的拟合程度较好。

表 5 – 24 　 模型拟合度分析结果

拟合程度指标	指标值	判断标准
自由度（ df ）	177	
卡方统计量（ x^2 ）	526.38	

① 张先国. 产品开发团队知识分享研究［D］. 华南理工大学博士学位论文，2009.

（续上表）

拟合程度指标	指标值	判断标准
P 值	0.000	小于 0.010
卡方统计量与自由度比值（x^2/df）	2.97	2～5
规范拟合指数（NFI）	0.90	大于 0.9
不规范拟合指数（NNFI）	0.86	大于 0.9
增量拟合指数（IFI）	0.87	大于 0.9
比较拟合指数（CFI）	0.92	大于 0.9
相对拟合指数（RFI）	0.83	大于 0.9
拟合优度指数（GFI）	0.89	大于 0.9
调整后拟合指数（AGFI）	0.85	大于 0.9
近似均方根误差（RMSEA）	0.056	小于 0.08

　　下图 5－6 是技术创新与知识产权保护全模型检验结果，该图清晰地展示了观测指标与潜变量以及潜变量与潜变量之间的作用关系，本研究提出的有关假设得到较好支持。

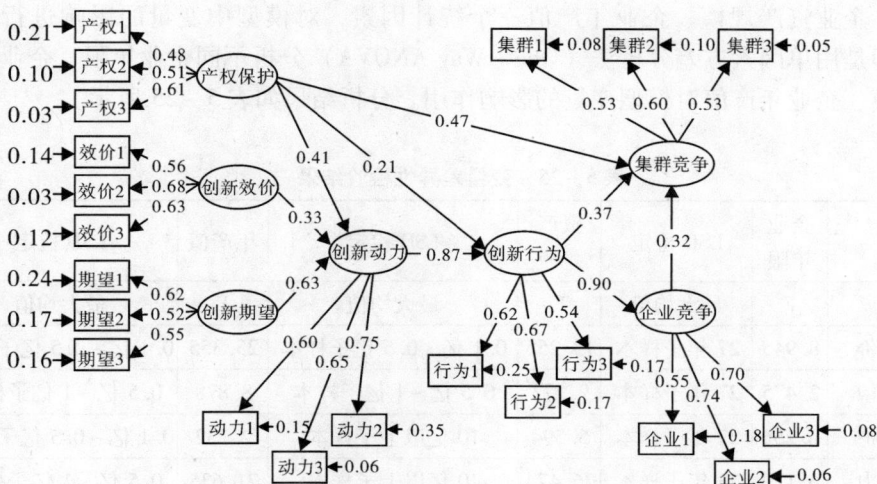

Chi-Square=526 38,df=177,P-value=0.00000,RMSEA=0.056

图 5－6　技术创新与知识产权保护全模型检验结果

　　如本研究理论模型所假设的，三个外潜变量企业的技术创新预期效价、技术创新预期期望、知识产权保护，都会对内潜变量企业的技术创新动力产生直接影响，其中企业技术创新预期期望对其技术创新动力的影响最为显著（标准化估计值为 0.63），表明受访企业对创新结果实现的可能性比较关注，对其的关注程度要比对预期效价（标准化估计值为 0.33）和知识产权保护（标准化估计值为 0.41）的关注程度高；外潜变量知识产权保护还直接影响内潜变量技术创新行为（标准化估计值为 0.21）和集群的竞争能力（标准化估计值为 0.47）。不过，诚如第 3 章所分析的，知识产权保护对技术创新行为的影响程度较低，它受到企业创新策略选择的影响；企业技术创新动力对技术创新行为、技术创新行为对企业竞争能力都有较强烈的影响，标准化估计值分别为 0.87 和 0.90；企业竞争力对集群竞争能力的影响不是很强（标准化估计值为 0.32），这也与第 3 章的分析相吻合，它要以企业间的协同性为前提条件。

全模型的结构方程分析结果显示，理论模型与数据间的拟合度较高，较好地解释了集群中企业技术创新动力、企业技术创新行为的影响因素，以及它们对企业自身竞争能力和集群竞争能力的影响作用。

5.7　模型普遍适用性比较

下面运用 SPSS 软件对本研究的假设模型进行变量差异性分析。首先就企业年限、企业资产规模、企业年产值三个统计因素，对模型中变量的影响进行分析，即是用单因素方差分析法（One - Way ANOVA）分析不同企业年限、企业资产规模、企业年产值对模型变量的影响作用。分析结果如表 5 - 25 所示。

表 5 - 25　变量差异性检验结果

	企业年限	LSD 检定	资产规模	LSD 检定	年产值	LSD 检定
	F	最大均值	F	最大均值	F	最大均值
创新效价	8.945	27 年子样本	13.255	0.1 亿~0.5 亿子样本	25.355	0.1 亿~0.5 亿子样本
创新期望	2.475	27 年子样本	9.273	0.5 亿~1 亿子样本	8.878	0.5 亿~1 亿子样本
产权保护	6.255	27 年子样本	5.594	10 亿以上子样本	2.232	0.1 亿~0.5 亿子样本
创新动力	6.179	23 年子样本	26.474	10 亿以上子样本	21.635	0.5 亿~1 亿子样本
创新行为	9.595	23 年子样本	18.430	10 亿以上子样本	11.316	0.5 亿~1 亿子样本
企业竞争能力	5.139	27 年子样本	20.256	10 亿以上子样本	14.790	0.5 亿~1 亿子样本
集群竞争能力	6.977	1 年子样本	6.908	10 亿以上子样本	4.134	0.5 亿~1 亿子样本

$N = 383$，$P - \text{value} < 0.01$

上表的结果显示，上述三个统计因素对各变量均表现出显著影响（F值显著大于1），为此，还需要分析理论模型对企业年限、资产规模和年产值三个因素的普遍适用性。接下来的研究是把回收样本根据上述三个统计因素划分为若干个子样本，然后对子样本再次进行结构方程分析的模型分析。

由于样本在企业年限上分布广（1~27年），最大频数为52（年限为4年的企业）；在企业年产值上，频数最大为101（年产值在100万~500万的企业）；在资产规模上，频数最大者为202（资产在500万以下企业）。因此只能对资产规模500万元以下的子样本进行结构模型分析，分析结果如表5–26所示。

表5–26　各类调研对象模型适用性分析结果（资产规模500万元以下的子样本）

拟合程度指标	指标值
自由度（df）	177
卡方统计量（x^2）	453.70
P值	0.000
卡方统计量与自由度比值（x^2/df）	2.56
规范拟合指数（NFI）	0.89
不规范拟合指数（NNFI）	0.91
增量拟合指数（IFI）	0.93
比较拟合指数（CFI）	0.86
相对拟合指数（RFI）	0.84
拟合优度指数（GFI）	0.89
调整后拟合指数（AGFI）	0.87
近似均方根误差（RMSEA）	0.069

上表的结果指标数据显示，本研究的理论模型对资产规模500万元以下的子样本也有较好的解释能力。

5.8　主要实证结果

综合上述所进行的回归分析、结构方程模型检验和路径分析以及不同样本下的结构方程模型分析和检验的结果，初步得出了研究假设的检验情况。下面将10项理论假设的检验情况汇总在表5–27中，结果显示10项假设均获得了样本数据的支持。

表 5 – 27　假设检验结果汇总

	假设	样本
H1	企业技术创新的预期效价对技术创新动力具有显著的正向影响	支持
H2	企业技术创新的预期期望对技术创新动力具有显著的正向影响	支持
H3	知识产权保护制度对企业技术创新动力具有显著的正向影响	支持
H4	知识产权保护制度对企业自主创新行为具有显著的正向影响	支持
H5	企业技术创新动力对企业自主创新行为具有显著的正向影响	支持
H6	企业的自主创新行为对企业竞争力具有显著的正向影响	支持
H7	企业的自主创新行为对集群竞争力具有显著的正向影响	支持
H8	知识产权保护制度对自主创新企业的竞争力产生显著的正向影响	支持
H9	知识产权保护制度对于成熟集群的竞争力具有显著的正向影响	支持
H10	企业竞争力与产业集群竞争力在企业间存在协同性的条件下具有正相关关系	支持

5.9　模型之外几个问题的统计数据及结果分析

在概念模型的变量之外，调查问卷还附加了"灯饰产业技术水平"、"技术溢出形式及影响"以及"知识产权保护力度及影响"等三个方面的问题调查，共设有 11 个题项（参见附录 3 调查问卷）。笔者认为，这些问题与前述概念模型中所研究的问题密切相关，它们也是第 3 章质性分析中所涉及的主要问题。在此用一节的篇幅对这些数据结果进行分析，一方面可以扩展概念模型的研究结论，另一方面也是对第 3 章质性分析中所提出命题的部分检验。

1. 关于灯饰产业技术水平

在"灯饰产业技术水平"一项中，问卷设计了"灯饰产业的主要技术在于外观设计"、"灯饰产业技术含量不高"与"灯饰产业技术模仿很容易"三个测量变量题项。第一个题项"灯饰产业的主要技术在于外观设计"的调查结果如表 5 – 28 和图 5 – 7 所示（注：为了节省篇幅，部分数据表格做了简化合并处理，下同）。

表5-28 "灯饰产业的主要技术在于外观设计"调查数据

答案选项		频数	百分比（%）	有效百分比（%）	累计百分比（%）
有效数据	1	3	.8	.8	.8
	2	21	5.5	5.5	6.3
	3	130	33.9	34.0	40.3
	4	142	37.1	37.2	77.5
	5	86	22.5	22.5	100.0
	小计	382	99.7	100.0	
缺失数据	System	1	.3	均值	3.75
	总计	383	100.0	标准差	.892

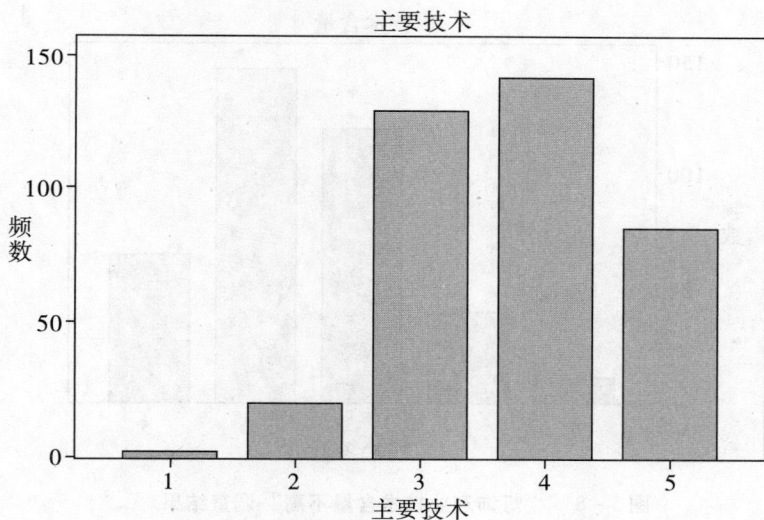

图5-7 "灯饰产业的主要技术在于外观设计"调查结果

统计结果显示，对于"灯饰产业的主要技术在于外观设计"这一调查问题，调查样本中59.7%的企业认为灯饰产业的主要技术特点在于外观设计，只有6.3%的企业不认同这个观点。这与我们访谈中得到的结论是一致的，说明目前古镇灯饰产业产品重在外观设计的特点。

第二个题项"灯饰产业技术含量不高"的调查结果如表5-29和图5-8所示。

表 5 - 29　"灯饰产业技术含量不高"调查结果

答案选项		频数	百分比（%）	有效百分比（%）	累计百分比（%）
有效数据	1	12	3.1	3.1	3.1
	2	40	10.4	10.5	13.6
	3	120	31.3	31.4	45.0
	4	146	38.1	38.2	83.2
	5	64	16.7	16.8	100.0
	小计	382	99.7	100.0	
缺失数据	System	1	.3	均值	3.55
	总计	383	100.0	标准差	.992

技术含量

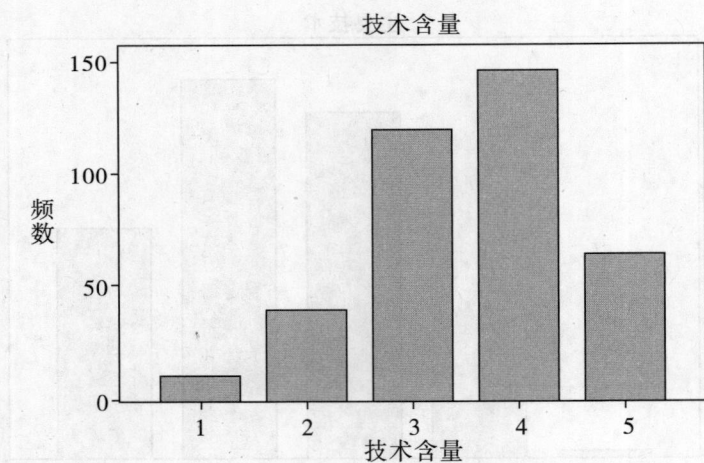

图 5 - 8　"灯饰产业技术含量不高"调查结果

对于"灯饰产业技术含量不高"这一调查问题，调查样本中 55% 的企业表示认可，只有 13.6% 的企业不认同这个观点。这也与我们访谈中得到的结论是一致的，说明目前古镇灯饰产业具有技术水平不高的特点。

第三个题项"灯饰产业技术模仿很容易"的调查结果如表 5 - 30 和图 5 - 9 所示。

表5-30 "灯饰产业技术模仿很容易"调查结果

答案选项		频数	百分比（%）	有效百分比（%）	累计百分比（%）
有效数据	1	4	1.0	1.0	1.0
	2	21	5.5	5.5	6.5
	3	123	32.1	32.2	38.7
	4	112	29.2	29.3	68.1
	5	122	31.9	31.9	100.0
	小计	382	99.7	100.0	
缺失数据	System	1	.3	均值	3.86
	总计	383	100.0	标准差	.968

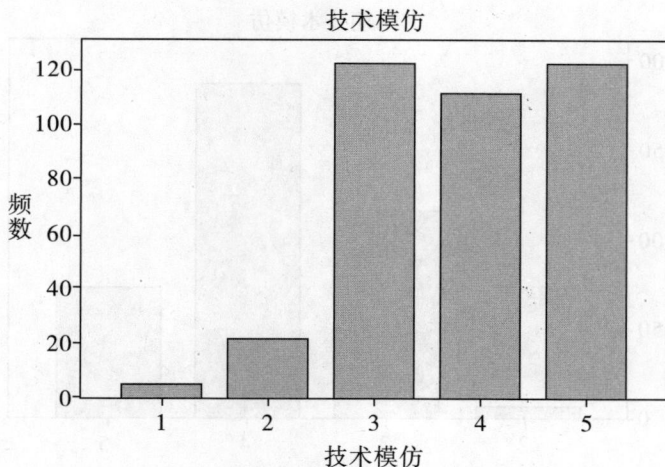

图5-9 "灯饰产业技术模仿很容易"调查结果

对于"灯饰产业技术模仿很容易"这一调查问题，调查样本中表示认可这种观点的企业多达61.2%，只有6.5%的企业不认同这个观点。这也与我们访谈中得到的结论是一致的，说明因为灯饰产业的主要技术在于外观设计，模仿相对容易。

2. 关于技术溢出形式及影响

在"技术溢出形式及影响"一项中，问卷设计了"集群成长早期，群内技术模仿很普遍"、"集群现阶段，群内技术模仿比较少见"、"集群形成初期，技术模仿对产业集聚和集群形成具有积极意义"与"集群成长现阶段，技术模仿对集群发展升级具有负面意义"这四个测量变量题项。第一个题项"集群成长早期，群内技术模仿很普遍"的调查结果如表5-31和图5-10所示。

表 5 – 31 "集群成长早期，群内技术模仿很普遍" 调查结果

答案选项		频数	百分比（%）	有效百分比（%）	累计百分比（%）
有效数据	1	0	0	0	0
	2	7	1.8	1.8	1.8
	3	116	30.3	30.4	32.2
	4	186	48.6	48.7	80.9
	5	73	19.1	19.1	100.0
	小计	382	99.7	100.0	
缺失数据	System	1	.3	均值	3.85
	总计	383	100.0	标准差	.740

早期技术模仿

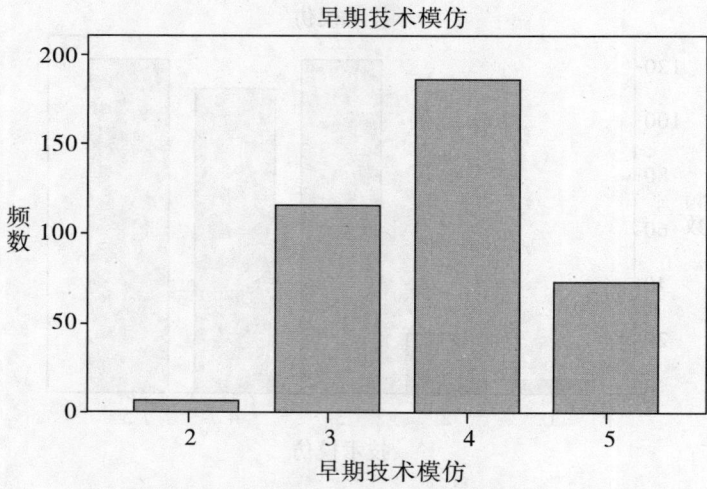

图 5 – 10 "集群成长早期，群内技术模仿很普遍" 调查结果

统计结果显示，对于"集群成长早期，群内技术模仿很普遍"这一调查问题，调查样本中有 67.8% 的企业表示认可，没有企业选"完全不同意"这一选项，只有 1.8% 的企业不认同这个观点。这与我们在访谈中得到的结论是一致的，说明古镇灯饰产业集群在发展早期模仿现象非常普遍。

第二个题项"集群现阶段，群内技术模仿比较少见"的调查结果如表 5 – 32 和图 5 – 11 所示。

表 5-32 "集群现阶段，群内技术模仿比较少见"调查结果

答案选项		频数	百分比（%）	有效百分比（%）	累计百分比（%）
有效数据	1	7	1.8	1.8	1.8
	2	64	16.7	16.8	18.6
	3	154	40.2	40.3	58.9
	4	111	29.0	29.1	88.0
	5	46	12.0	12.0	100.0
	小计	382	99.7	100.0	
缺失数据	System	1	.3	均值	3.33
	总计	383	100.0	标准差	.953

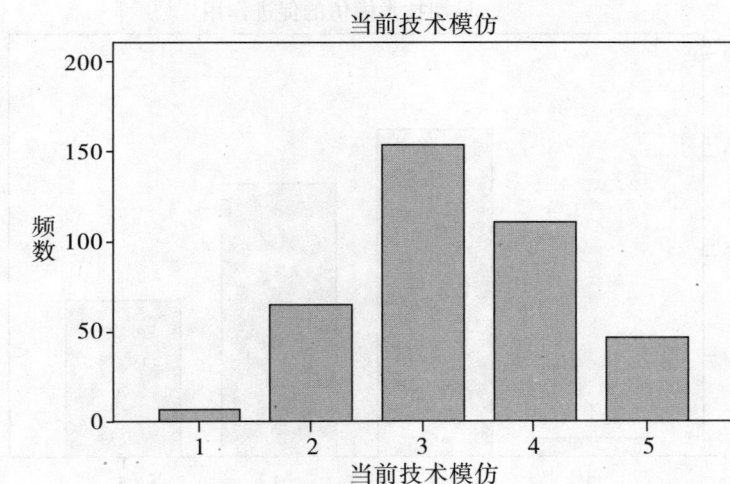

当前技术模仿

图 5-11 "集群现阶段，群内技术模仿比较少见"调查结果

对于"集群现阶段，群内技术模仿比较少见"这一调查问题，调查样本中有 41.1% 的企业表示认可，只有 20.4% 的企业不认同这个观点。这说明目前古镇灯饰产业集群仍然大量存在技术模仿现象。

第三个题项"集群形成初期，技术模仿对产业集聚和集群形成具有积极意义"的调查结果如表 5-33 和图 5-12 所示。

表 5 – 33　　"集群形成初期，技术模仿对产业集聚和集群形成具有积极意义"调查结果

答案选项		频数	百分比（%）	有效百分比（%）	累计百分比（%）
有效数据	1	0	0	0	0
	2	8	2.1	2.1	2.1
	3	162	42.3	42.4	44.5
	4	135	35.2	35.3	79.8
	5	77	20.1	20.2	100.0
	小计	382	99.7	100.0	
缺失数据	System	1	.3	均值	3.74
	总计	383	100.0	标准差	.801

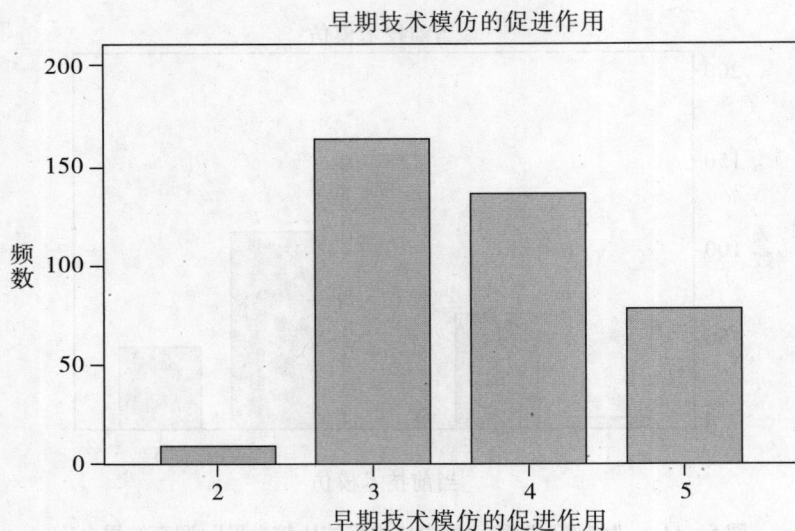

图 5 – 12　　"集群形成初期，技术模仿对产业集聚和集群形成具有积极意义"的调查结果

　　对于"集群形成初期，技术模仿对产业集聚和集群形成具有积极意义"这一调查问题，调查样本中认可这种观点的企业多达 55.5%，只有 2.1% 的企业不认同这个观点，没有企业选"完全不同意"这一选项。这也与我们在访谈中得到的结论是一致的，说明在古镇灯饰产业集群形成的早期，技术模仿曾对集群发展起到过积极作用。

　　第四个题项"集群成长现阶段，技术模仿对集群发展升级具有负面意义"的调查结果如表 5 – 34 和图 5 – 13 所示。

表5-34　"集群成长现阶段，技术模仿对集群发展升级具有负面意义"调查结果

	答案选项	频数	百分比（%）	有效百分比（%）	累计百分比（%）
	1	0	0	0	0
有	2	0	0	0	0
效	3	168	43.9	44.0	44.0
数	4	148	38.6	38.7	82.7
据	5	66	17.2	17.3	100.0
	小计	382	99.7	100.0	
缺失	System	1	.3	均值	3.73
数据	总计	383	100.0	标准差	.737

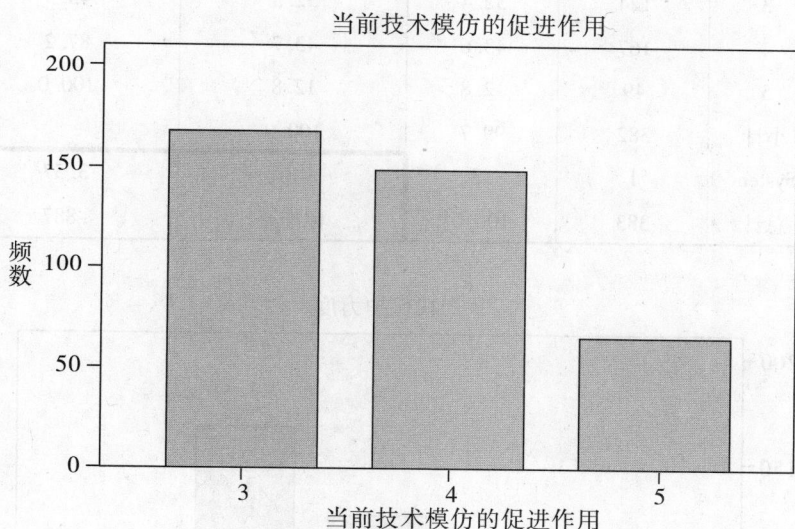

当前技术模仿的促进作用

图5-13　"集群成长现阶段，技术模仿对集群发展升级具有负面意义"调查结果

　　对于"集群成长现阶段，技术模仿对集群发展升级具有负面意义"这一调查问题，调查样本中表示认可这种观点的企业多达56%，没有企业不认同这个观点，而且没有企业选"完全不同意"和"不同意"这两个选项。这说明，目前古镇灯饰产业集群的企业已经普遍意识到技术的简单模仿对集群进一步发展的危害性，这也许是目前古镇灯饰产业集群业内人士的切身体会，与我们前期的访谈结果十分吻合。

3. 关于知识产权保护力度及影响

在"知识产权保护力度及影响"一项中，问卷设计了"目前集群知识产权保护力度适当"、"目前集群知识产权保护状况对贵企业是有利的"、"目前集群知识产权保护状况对集群整体是有利的"与"集群内知识产权保护力度越大越有利于企业发展和集群升级"这四个测量变量题项。第一个题项"目前集群知识产权保护力度适当"的调查结果如表5-35和图5-14所示。

表5-35　"目前集群知识产权保护力度适当"调查结果

答案选项		频数	百分比（%）	有效百分比（%）	累计百分比（%）
有效数据	1	6	1.6	1.6	1.6
	2	36	9.4	9.4	11.0
	3	124	32.4	32.5	43.5
	4	167	43.6	43.7	87.2
	5	49	12.8	12.8	100.0
	小计	382	99.7	100.0	
缺失数据	System	1	.3	均值	3.57
	总计	383	100.0	标准差	.887

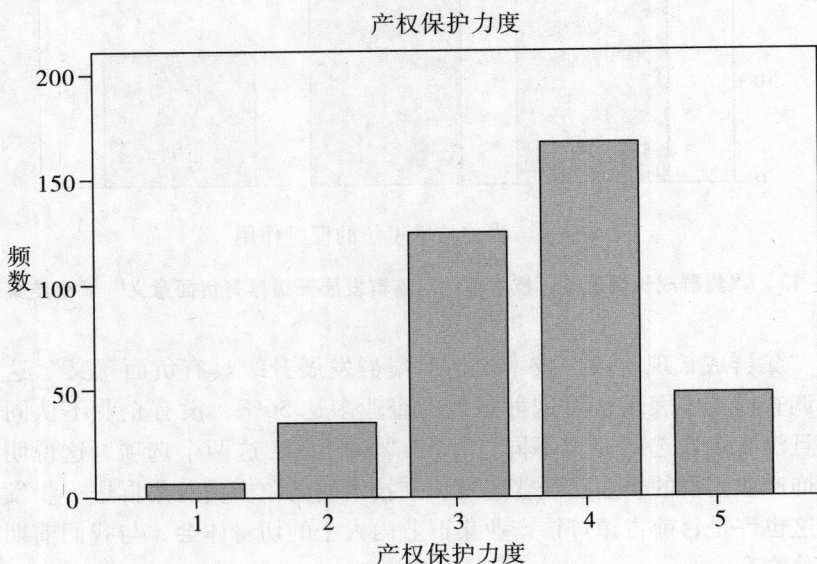

图5-14　"目前集群知识产权保护力度适当"调查结果

统计结果显示，对于"目前集群知识产权保护力度适当"这一调查问题，调查样本中有 56.5% 的企业表示认可，有 11% 的企业不认同这个观点，有 32.5% 的企业选择"不确定"。这说明古镇灯饰产业集群知识产权保护状况得到了超过一半企业的认可，但还有三分之一的企业对情况不甚明了，说明集群还需要加大知识产权制度的教育和宣传工作。

第二个题项"目前集群知识产权保护状况对贵企业是有利的"的调查结果如表 5 – 36 和图 5 – 15 所示。

表 5 – 36   "目前集群知识产权保护状况对贵企业是有利的"调查结果

答案选项		频数	百分比（%）	有效百分比（%）	累计百分比（%）
有效数据	1	0	0	0	0
	2	3	.8	.8	.8
	3	97	25.3	25.4	26.2
	4	199	52.0	52.1	78.3
	5	83	21.7	21.7	100.0
	小计	382	99.7	100.0	
缺失数据	System	1	.3	均值	3.95
	总计	383	100.0	标准差	.708

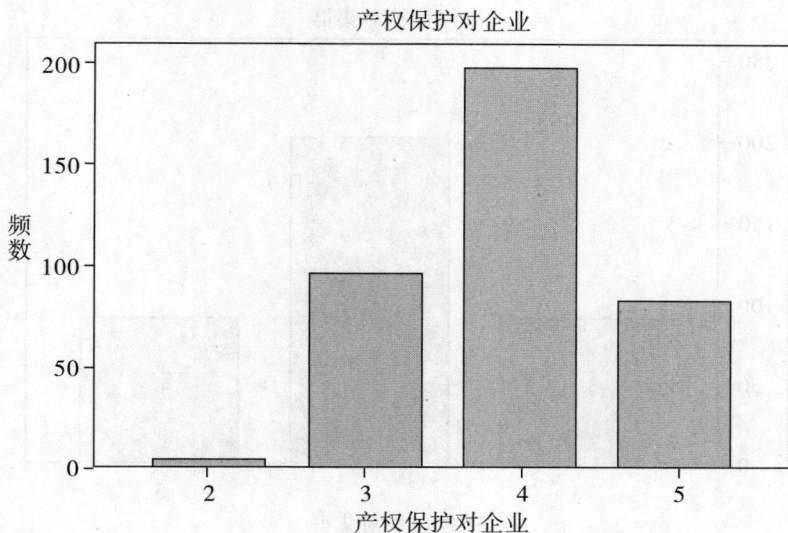

图 5 – 15   "目前集群知识产权保护状况对贵企业是有利的"调查结果

对于"目前集群知识产权保护状况对贵企业是有利的"这一调查问题，调查样本中表示认可这种观点的企业多达73.8%，只有0.8%的企业不认同这个观点，没有企业选"完全不同意"这一选项。这说明目前古镇灯饰产业集群的大多数企业对集群内的知识产权保护抱有期待，同时认可知识产权保护对自己的企业是有利的。

第三个题项"目前集群知识产权保护状况对集群整体是有利的"的调查结果如表5-37和图5-16所示。

表5-37 "目前集群知识产权保护状况对集群整体是有利的"调查结果

答案选项		频数	百分比（%）	有效百分比（%）	累计百分比（%）
有效数据	1	0	0	0	0
	2	0	0	0	0
	3	90	23.5	23.6	23.6
	4	201	52.5	52.6	76.2
	5	91	23.8	23.8	100.0
	小计	382	99.7	100.0	
缺失数据	System	1	.3	均值	4.00
	总计	383	100.0	标准差	.689

产权保护对集群

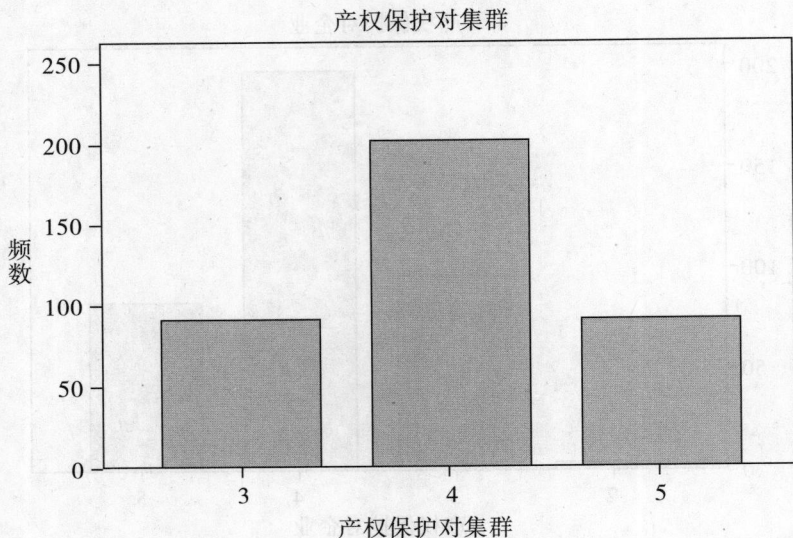

图5-16 "目前集群知识产权保护状况对集群整体是有利的"调查结果

对于"目前集群知识产权保护状况对集群整体是有利的"这一调查问题，调查样本中表示认可这种观点的企业多达76.4%，没有企业不认同这个观点，而且没有企业选"完全不同意"和"不同意"这两个选项。这说明目前古镇灯饰产业集群的企业已经普遍感到缺乏知识产权保护对集群进一步发展的危害性。集群要想发展升级，提升集群的竞争能力，就必须加强知识产权保护。

第四个题项"集群内知识产权保护力度越大越有利于企业发展和集群升级"的调查结果如表5-38和图5-17所示。

表5-38 "集群内知识产权保护力度越大越有利于企业发展和集群升级"调查结果

答案选项		频数	百分比（%）	有效百分比（%）	累计百分比（%）
有效数据	1	3	.8	.8	.8
	2	0	0	0	.8
	3	89	23.2	23.3	24.1
	4	137	35.8	35.9	59.9
	5	153	39.9	40.1	100.0
	小计	382	99.7	100.0	
缺失数据	System	1	.3	均值	4.14
	总计	383	100.0	标准差	.828

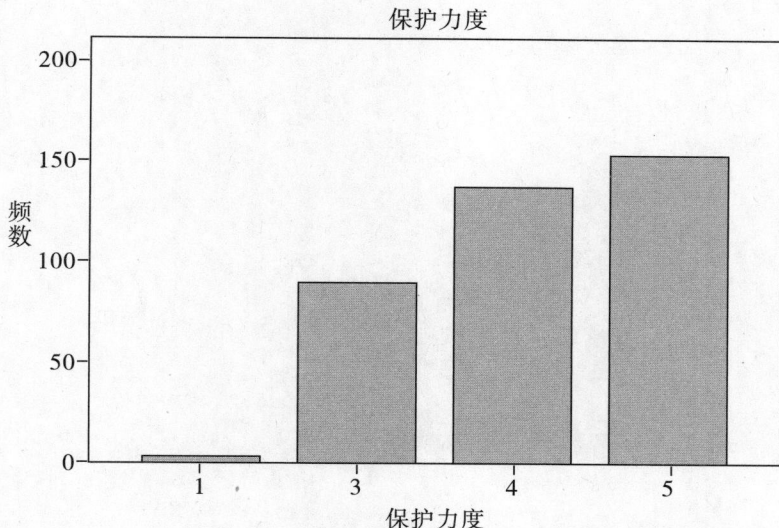

图5-17 "集群内知识产权保护力度越大越有利于企业发展和集群升级"调查结果

对于"集群内知识产权保护力度越大越有利于企业发展和集群升级"这一调查问题，调查样本中表示认可这种观点的企业多达76%，只有0.8%的企业不认同这个观点。这说明目前古镇灯饰产业集群的多数企业期待集群的知识产权保护得到进一步加强。

综上所述，通过对"灯饰产业技术水平"、"技术溢出形式及影响"以及"知识产权保护力度及影响"等几个方面问题的调查数据统计和分析，扩展了前述研究模型的研究结论，部分地检验和支持了第3章中所提出的命题。

5.10 小 结

本章为数据分析和模型检验部分。分析方法包括探索性因子分析、信度分析、相关分析、验证性因子分析和结构方程模型分析。

通过 SPSS 和 LISREL 软件进行数据分析，结果显示，调研问卷的测量项目效度和信度良好。在此基础上采用结构方程模型对理论模型进行了拟合与检验，结果显示模型与数据的拟合程度良好，10 个研究假设全部获得样本的支持，并且具备较好的适用性。

第 6 章

结果分析与理论思考

本章在第 5 章数据统计与分析的基础上，对实证结果进行分析和讨论。分析与讨论将结合第 2 章的文献研究结果和第 3 章的理论假设，得出本书的研究结论。然后对研究结论作进一步的实践对比和理论分析，进行适当的理论提炼和理论概括，提出解决问题的一些理论思考和实践设想。

6.1　实证结果分析与讨论

在第 3 章里，根据本书在文献研究基础上所建立的概念模型，提出了 10 项理论假设。为了检验这些理论假设是否成立，第 4 章以古镇灯饰产业集群企业为样本，进行了样本数据采集。经过第 5 章的数据处理和数据分析以及对前述理论假设的模型分析检验，10 项理论假设全部获得样本数据的支持，实证结果的汇总已在上一章的表 5 - 27 中列出。下面对这些实证结果做进一步的分析和讨论。

1. 企业技术创新预期效价和预期期望对技术创新动力的影响分析

关于企业技术创新动力的研究，已有的文献多是从企业的外部因素中去寻找企业技术创新的根源，如技术推动说、需求拉动说、需求—资源（N - R）瓶颈驱动说等[①]。虽然也有人提出内部驱动说[②]，但并没深入到企业的微观需求"心理"层次。本研究以弗鲁姆的期望理论为基础，引进科尔曼的理性选择理论，将建立在"个人—企业"层次的期望动机理论移植到"企业—集群"的层次，从

———————————

①　［美］约瑟夫·熊彼特. 经济发展理论［M］. 何畏等译：北京：商务印书馆，1990. 251～253. J. Schmookler. *Invention and Economic Growth*［M］. Cambridge：Harvard University Press，1966.　Myers S.，Marquis D. G. *Successful Industrial Innovation*［J］. Washington，D. C.：Natural Science Foundation，1969.　Utterback J.，Abernathy W. J. A Dynamic Model of Process and Product Innovation［J］. *Omega*，1975，3：639 - 656. ［日］斋藤优. 亚洲的发展和日本的技术政策［J］. 朱根译. 现代外国哲学社会科学文摘，1996（6）：19～20.　Rosenberg，Nathan. Why Technology Forecasts Often Fail［J］. *The Futurist*，1995（7），16 - 21.

②　王海山. 技术创新动力机制的理论模式［J］. 科学技术与辩证法. 1992，9（6）：22～27.　安立仁，张建申. 企业技术创新的动力分析［J］. 西北大学学报（自然科学版）. 1995，25（2）：171～175.

企业的微观需求"心理"层次来探索企业技术创新动力问题，提出了企业技术创新预期效价、企业技术创新预期期望的概念。

企业技术创新预期效价就是企业在进行技术创新投入前对企业带来的利益作出的评估和预期。评估的结果越正面，预期的价值越高，企业所获得的技术创新动力就越强。技术创新预期效价是企业技术创新行为所追求的主要目标，也是激励企业技术创新的主要动力。预期效价对企业技术创新的激励实际上也是一种目标激励。在组织行为学里，目标激励是组织对个人的一种激励，它是指通过目标的设置来激发人的动机，引导人的行为，使被管理者的个人目标与组织目标紧密地联系在一起，以激励被管理者的积极性、主动性和创造性。虽然目标激励理论是针对个人的激励而提出的，但根据前文科尔曼的理性选择理论，目标激励理论也可以用来解释企业技术创新的激励问题。企业技术创新的目标效价是企业技术创新行动所要得到的预期结果，是满足企业发展需要的对象。企业技术创新目标效价同企业发展需要一起调节着企业的技术创新行为，把行为引向一定的方向。企业技术创新目标效价的本身是企业的技术创新行为的一种诱因，具有诱发、导向和激励行为的功能。因此，适当地设置目标，能够激发企业的技术创新动机，调动企业技术创新的积极性。企业技术创新预期期望是企业在进行技术创新投入前对创新成功可能性大小所作出的评估和预期。成功的可能性越大，创新的动力越强；成功的可能性越小，创新的动力越弱。这也与弗鲁姆期望理论论及的个人心理是一致的。

在本研究中，关于企业技术创新预期效价和预期期望对技术创新动力的影响，所提出的理论假设是：企业技术创新预期效价对技术创新动力具有显著的正向影响；企业技术创新的预期期望对技术创新动力具有显著的正向影响。通过对样本数据和理论模型的分析和检验，理论假设获得了样本数据的支持。这说明，作为创新主体的企业组织，其行为动机也具有类似于个人心理的某些特征。这一结果，一方面为科尔曼的理性选择理论增加了一个个案样本的实证支持；另一方面也为我们在处理人类社会系统时提供了用个人心理的微观理论解释人类组织宏观行为的通道和可能性。事实上，人类组织（比喻本研究所讨论的企业）的动机与行为虽然是以整体组织的形式表现出来，但其行为决策的"心理"过程必然还是会表现出人（如组织管理者）的主观性特征。

2. 知识产权保护对企业技术创新动力和企业自主创新行为的影响分析

知识产权保护是外在于企业的制度环境因素，作为一种对知识创新、技术发明等智力成果的主体所有者权益的一种法律保护制度，知识产权保护在激励企业创新动机、推动企业创新行为方面的作用是积极正面的。相反，如果缺乏知识产权保护制度，创新企业对创新成果的专有垄断权所可能带来的巨大收益就无法得到保证,创新者的创新积极性就会遭受打击。关于知识产权保护对企业技术创新动力和企业自主创新行为的影响,本研究提出的两个假设——"知识产权保护制度对企业技术创新动力具有显著的正向影响"以及"知识产权保护制度对企业自主创新行为具有显著的正向影响"——均获得了样本数据的支持。需要指出的是,作为外在于企业的制度环境因素,知识产权保护对企业技术创新动力和企业自主创新行为的影响不是直接的,它是通过作用于企业内在的创新动力因素而起作用的。如果仅仅有知识产权保护这种外在因素,而企业本身缺乏技术创新的人力资本和资金等内在基础,企业的技术创新行为仍不会发生。

动机期望理论、理性行为理论和计划行为理论都认为,一切行为都是由动机(或意向)诱导的。需要、动机、行为和目标的关系链条是:需要激发动机,动机诱导行为,行为达成目标。引进了科尔曼的理性选择理论之后,我们已经把这种关系由"个人—企业"层次推广到了"企业—集群"层次。第三章提出的假设"企业技术创新动力对企业自主创新行为具有显著的正向影响"也获得了样本数据的支持,这里就不再讨论。

3. 企业自主创新行为对企业竞争力和集群竞争力的影响分析

从创新扩散的角度来看,企业在新技术采用方面常有四种不同的策略选择,分别是简单模仿、有偿引进、创新模仿和自主创新。为了方便叙述,我们把制造业企业也简单地分为小型企业、中型企业和大型企业三类。根据现实调研中这三类企业的实际状况,我们不妨假设:小型企业资金相对缺乏,技术力量不强,创新研发能力较弱;大型企业资金相对充足,有一定的技术基础和技术人才储备,研发能力相对较强;中型企业在资金、技术力量和研发能力等方面介于小型企业和大型企业之间。在调研中我们了解到,一般情况下,这三类企业在新技术采用方面的策略选择大致是:小型企业一般多选择简单模仿或有偿引进策略,中型企业往往更倾向于选择有偿引进或创新模仿策略,大型企业常常选择自主创新或创新模仿策略。如表6-1所示。

表6-1　企业新技术采用策略选择

	小型企业	中型企业	大型企业
自主创新			√
模仿创新		√	√
有偿引进	√	√	
简单模仿	√		

从古镇灯饰产业集群的调研情况来看,大多数企业在创新策略选择上并非选择自主创新策略,只有少数有实力的大企业才有自己的自主研发活动。在有知识

产权保护的情况下，企业从自主创新成果中必然会获得较高的收益，这对提高企业竞争能力无疑是有益的。但现实的状况往往要比理想的情况复杂得多。由于大多数小型企业资金缺乏、创新能力不足，在技术采用上总是倾向于选择简单模仿的跟随策略，喜好"搭便车"，其产品又挤压了创新企业一定的市场份额，给创新企业的利益造成损害，对创新企业竞争力的影响具有负面影响。但对于小企业而言，如果没有知识产权保护或者保护力度不强，"搭便车"的策略就是保障它们支付成本最低的一种选择，这种选择的成功，对于提升其竞争力也有着非常正面和积极的影响。虽然关于这一问题的理论假设——企业的自主创新行为对企业竞争力具有显著的正向影响——获得了样本数据的支持，但是其中的复杂性我们也应予以了解。同时，样本数据对假设命题的支持也许还会受到"社会称许性"现象的影响，这不是本书的主题，不在这里讨论。

另外，如第3章所述，企业竞争力与集群竞争力在评价指标上有共同的因素，比如创新能力。集群的创新能力是影响集群竞争力的重要的因素，而集群企业的技术创新能力是产业集群的创新能力的基础和主要体现，在假定集群企业具有协同关系的条件下，集群企业的自主创新行为与集群的竞争力是正相关的，这一假设命题也获得了样本数据的支持。这说明，就主要方面而言，企业的自主创新行为对集群的竞争力有正向的影响。

4. 知识产权保护对企业竞争力和集群竞争力的影响分析

如第2章中的文献研究所述，知识产权保护或知识产权管理可分为国家、地方（产业集群）和企业三个层面。国家层面的知识产权保护制度具有宏观的导向意义和普遍的规制作用，其建立有利于完善我国的社会主义市场经济体制，有利于完善我国的法律体系，有利于推动智力成果迅速转化为现实生产力从而提高国家竞争力；地方或产业集群层面的知识产权保护制度与产业集群竞争力是对应的，其建立有利于形成整个集群技术创新的良好氛围，有利于促进地方知识产权的创造，有利于提高地方产业特别是产业集群的技术水平和市场竞争力；企业不是知识产权制度制定的主体，没有制定知识产权制度的权限。因此，在知识产权建设方面，企业层面的作为只能表现为对知识产权的管理。有鉴于此，就知识产权保护制度而言，它对产业集群竞争力的影响是直接的，对成熟产业集群的影响是积极正面的，这一点在第5章的数据和模型分析中已获得了样本数据的支持；知识产权保护制度对企业竞争力的影响是间接的，它需要通过企业的自主创新行为作中介，其影响具有复杂性：对于自主创新企业而言，知识产权保护制度对其竞争力的影响是积极正面的，这一理论假设也在第5章的数据和模型分析中获得了样本数据的支持；但对于模仿侵权企业而言，知识产权保护制度对其竞争力的影响是消极负面的；对于资金缺乏、技术基础薄弱、创新能力不足的小企业而言，即便是没有模仿侵权行为，知识产权保护制度对它们也是不利的，过度的知识产权保护，甚至会给小企业的生存造成困难，这也是前面对访谈调查所做的质性分析得到的结论。

从产业集群发展的生命周期来看，在产业集群生命周期的不同阶段，知识产权保护制度对集群竞争力的影响是存在着差异的。Tichy 将产业集群生命周期划分为四个阶段，分别为产生阶段、成长阶段、成熟阶段和衰退僵化阶段。他认为产业集群处于产生阶段时，产品和生产过程还没有标准化，集群企业之间凭借知识溢出、分工协作和资源共享所产生的外部经济性获得竞争优势；在产业集群的成长阶段，企业加快积聚，集群迅速发展，产量快步提高，资源开始集中；产业集群发展到成熟阶段时，产品和生产过程逐步走向标准化，创新速度减缓，企业生产规模扩大，群内同类产品企业间竞争加剧，利润下降；在接下来的衰退阶段，集群中企业大量退出，创新趋于停滞，集群优势逐渐减弱①。本书的样本对象古镇灯饰产业集群经过 30 多年的发展，刚刚进入成熟阶段。在此阶段，知识产权保护制度对集群竞争力正在产生积极影响，前述的样本数据已经支持了这一论断。但是，从我们在访谈中所获得的数据信息来看，在古镇灯饰产业集群产生和形成初期，知识产权保护制度的缺失恰恰为集群的迅速发展提供了契机。在那时，凭借着知识外溢和技术共享，企业间产品技术的相互模仿普遍存在，正是依靠这种知识外溢和技术共享，促使了大量企业的产生和集聚，为集群的发展和竞争力的形成奠定了基础。

5. 企业竞争力与产业集群竞争力的关系分析

本书基于复杂系统理论来界定企业与集群的关系。将产业集群看作复杂系统，将企业看作产业集群复杂系统的构成元素；将集群竞争力看作集群复杂系统的功能特征，将企业竞争力看作系统元素的功能特征。那么，根据系统科学理论，系统功能并不等于元素功能的线性叠加，系统功能不仅受到元素功能的影响，而且受到元素间结构关系的影响。也就是说，集群竞争力并不等于构成集群企业竞争力的简单相加，集群竞争力既可能大于集群企业竞争力之和，也可能小于集群企业竞争力之和，作为宏观层面的集群竞争力往往表现为微观层面企业竞争力涌现的结果，集群竞争力与企业竞争力之间的正相关关系需要具备一定的条件，这个条件就是集群企业之间的协同性。另外，在一个发展成熟的产业集群里，除了企业之外，构成集群的单位还有商会、协会、政府、银行、大学、研究机构以及其他服务机构和中介组织。当我们用网络的观点来看待集群复杂系统时，则发现该集群网络是一个由异质性节点所构成的网络，网络的宏观特征是节

---

① Ticky G. *Clusters*: *Less Dispensable and More Risky than Ever Clusters and Regional Specialisation* [M]. London: Pion Limited, 1998.

点性质和网络结构共同涌现的结果。对古镇灯饰产业集群实际调查的样本数据支持了本研究的假设命题：企业竞争力与产业集群竞争力在企业间存在协同性的条件下具有正相关关系。

6.2　理论思考

本书以产业集群为背景，通过对古镇灯饰产业集群的实际调研和样本数据收集，利用统计与结构方程建模等方法，分析研究了企业技术创新、知识产权保护、企业竞争力和集群竞争力以及它们之间相互关系等方面的问题，提出了若干理论命题和假设，并获得了样本数据的支持。上一节对实证结果进行了初步分析，得出了一些研究结论，在此基础上，进一步进行了理论思考和归纳，主要有以下几个方面：

（1）创新是企业和产业集群获得竞争力与持续发展的根本动力和源泉。集群创新包括集群内企业的技术创新和组织管理创新以及集群整体的组织管理模式创新两个层面，其中企业的技术创新是集群创新的基础和根本。企业的组织管理创新虽不容忽视，但企业创新的重点应在技术创新方面；集群创新的重点与企业有所不同，其重点应在集群组织管理的创新，重在制度建设和为集群企业创新营造良好环境。企业技术创新的实现受到企业内外因素的多重影响，其中主要的内部因素可归纳为创新预期效价和创新预期期望。提高预期效价和预期期望，均有助于强化企业的创新动力，进而诱发企业的创新行为。企业技术创新的外部影响因素较为突出的有知识产权保护制度、产业配套措施和集群整体的协同机制等。适当的知识产权保护制度，有利于为企业营造良好的创新环境；完善的产业配套措施，有利于强化集群的集聚效应；良好的集群协同机制，有利于统合和提升集群的竞争力。集群组织管理创新的关键在于要根据产业集群发展生命周期的不同阶段建立相应的制度体系，以确保企业技术创新的积极性受到持续的激励。

（2）知识产权制度是一种对知识创新、技术发明等智力成果的主体所有者权益法律保护制度。知识产权保护有利于激发企业的技术创新热情，保护和调动企业技术创新的积极性，推动产业的技术发展。但对于不同的企业和集群发展的不同阶段，知识产权保护的结果又具有复杂性。由于不同企业各自的自身条件存在差异，知识产权保护对于不同的企业表现出了不同的作用效果：对于自主创新企业而言，知识产权保护制度对其作用效果是积极正面的；对于模仿侵权企业而言，知识产权保护制度对其作用效果是消极负面的；对于技术力量不足、研发能力不强、资金不甚充裕的小企业而言，知识产权保护制度对它们也是不利的。对于产业集群发展生命周期的不同阶段，知识产权保护制度的作用也表现出了双重性：在集群发展的早期阶段（发生和形成阶段），过度的知识产权保护不利于企业的集聚和集群的迅速壮大，往往会使地方错失产业发展良机；在集群发展的成熟阶段，知识产权保护有利于克服集群企业的创新惰性，消弭产业集群的"自稔性"风险①，推动产业转型升级，提升集群竞争力。

（3）产业集群属于经济复杂系统，也可以将其抽象为复杂网络。观察和研究产业集群需要有系统观点和网络观点，关注系统要素之间的协同性和集群整体的涌现性。就集群竞争力与企业竞争力的关系而言，集群竞争力并不等于构成集群企业竞争力的简单相加，宏观层面的集群竞争力往往表现为微观层面企业竞争力涌现的结果。集群竞争力与企业竞争力之间的正相关关系需要具备一定的条件，这个条件就是集群企业之间的协同性。即使集群内企业的竞争能力都较强，倘若这种竞争仅仅属于群内企业间的竞争，集群整体没有表现出对外竞争的协同性，集群整体表现出来的对外竞争力也不会太强。已有的研究表明，集群内企业间保持适度的竞争，有利于促进集群企业间的创新协作，但过度的竞争会使得每个企业的创新投入不足，从而影响集群整体的竞争力②。因而，产业集群创新的重点是组织创新、机制创新和管理创新，加强集群企业之间的协作，提高集群各主体的协同性。

（4）一切人类系统都是复杂系统，系统元素的主体性是这种人类系统复杂性的根源之一。人类系统的主体是人，不同于机械系统的物，人是有思想有情感的动物，人的行为决策常常在理性与非理性之间徘徊，受到心理因素的影响极大。因此，研究人类系统仍需以人的微观心理理论为基础。企业和产业集群都是由人构成的人类系统，企业组织和产业集群组织的一切决策最终都是由人做出的。因此，研究企业和集群的行为动机，也要以心理学的理论为基础深入到企业或集群的微观需求"心理"层次。本书把建立在"个人—企业"层次的期望动机理论移植到"企业—集群"的层次，并引进科尔曼的理性选择理论论证了这种移植的可行性，阐明了作为创新主体的企业组织，其行为动机也具有类似于个人心理的某些特征。这一结论一方面反过来为科尔曼的理性选择理论增加了一个个案样本的实证支持，另一方面也为我们在处理人类社会系统时提供了用个人心理的微观理论解释人类组织宏观行为的可能性。

（5）产业集群的形成和发展实际上是社会经济主体的一种自组织行为过程。从已有的集群研究案例来看，绝大多数成功的集群都是自发成长起来的集群，而很多人为建构的所谓"集群"，最终走向了衰落。这一事实表明，产业集群的产

---

① 吴晓波，耿帅. 区域集群自稔性风险成因分析 [J]. 经济地理，2003，23（6）：726～730.
② 杨皎平. 产业集群特性要素对技术创新的影响研究 [D]. 辽宁工程技术大学博士学位论文，2010.

生、形成和发展有其自身的规律，人们只有认识这种规律并且顺应这种规律，才能在产业集群的培育、扶持和建设上有所作为，任何违反产业集群的自组织发展规律，试图仅凭主观想象来人为建构产业集群的做法，都有遭受失败的可能。例如国内很多地方人为建构的专业化城市、特色产业部门或者工业园区有很多失败的例子。

像任何自组织系统的发展一样，产业集群的发展也有其一定的生命周期，并表现出一定的阶段性特征。虽然关于产业集群生命周期发展阶段的划分还不统一，但一般都能够较为客观地描述产业集群发展过程的特点。[①] 比较一致的看法是，在产业集群的一个生命周期里，大致要经过产生、成长、成熟和衰退这样的四个阶段。Tichy 是这样来描述产业集群进入衰退阶段的特征的：集群中企业大量退出，创新趋于停滞，集群优势逐渐减弱。[②] 可见，产业集群是存在着衰退风险的。当然，集群进入衰退阶段并非意味着产业集群注定要彻底消亡，只要能够因势利导，鼓励创新，积极推动产业转型升级，集群就将会进入一个更高级形态的生命周期。

6.3　实践启示

实践是认识的目的和归宿，认识源于实践，再回到实践，这是辩证唯物主义认识论的基本观点。本书虽然是建立在一定的理论基础之上，但主要的实证结果来源于实践的调查。实践中不断出现的新现象和提出的新问题，为理论的发展提供了源源不断的材料。诚如绪论中所言，本书的目的，除了试图通过对实际案例的调研和数据分析以期获得一些理论的发现之外，还希望本书的研究结论能够为实践提供参考。下面拟在前述结果分析和理论思考的基础上，浅述点滴实践启示。

（1）产业集群在外显出很多优势的同时，也隐藏着一些劣势因素，存在着衰退的风险。一些学者所列举的产业集群存在的风险，如同质化、封闭性、创新

---

①　Eisingerich A., Falck O., Heblich S. Cluster Innovation Along the Industry Lifecycle [R]. Jena Economic Research Papers. Working Papers, 2008.　Maggioni M A. The Rise and Fall of Industrial Clusters: Technology and the Lifecycle of Region [R]. Institut d'Economiade Barcelona. Working Papers, 2004.　Ticky G. *Clusters: Less Dispensable and More Risky than Ever Clusters and Regional Specialisation* [M]. London: Pion Limited, 1998.

②　Ticky G. *Clusters: Less Dispensable and More Risky than Ever Clusters and Regional Specialisation* [M]. London: Pion Limited, 1998.

惰性等因素可能孕育的风险中①，在古镇灯饰产业集群也不同程度地存在着。古镇灯饰产业集群经过30多年的发展，已具有相当的规模，产品在国内市场已占到60%。但就其产品的技术水平而言，仍然处在技术低端：技术含量不高，工艺水平落后，外观设计雷同化有余而新颖性不足。产品同质化和企业同质化并存，产品的模仿抄袭现象依然存在。前述的调查数据显示，古镇灯饰产业集群中的企业，约有81.7%集中在零部件和成品生产，其他配套企业和服务机构较少，显示出了一定程度的同质化现象和分工不充分的问题。在产品技术含量的调查中，共有55%的受访企业认为目前该集群产品的技术含量不高，仍有20.4%的受访企业认为目前集群还存在着产品的模仿抄袭现象。有鉴于此，地方在对产业集群发展制定规划和扶持政策时就要有清醒的认识，既要看到集群效应的优势，也要看到集群隐藏的风险，防患于未然，尽早消除不利因素，激励技术创新，促进产业升级，防止集群衰退。

（2）无论是对企业还是对产业集群的发展，知识产权保护制度的作用都表现出了双重性的特征。知识产权保护对有些企业有有利的一面，对另一些企业又有不利的一面；知识产权保护在集群形成的早期对集群发展有抑制作用，在集群的成熟期又对集群的转型和升级有促进作用。因此，地方政府在制定本地知识产权保护具体措施时，要在国家有关法律法规的框架内，充分考虑本地的产业特点和产业发展水平，充分考虑本地产业集群的发展阶段，充分考虑本地集群的企业结构组成特点，从而制定适合本地产业实际和集群发展阶段的知识产权保护措施。

（3）产业集群是一个多利益主体的利益协调系统，企业、大学、研究机构、中介组织、服务机构、行业协会以及地方政府都有各自不同的利益诉求，在集群存续的整个过程中，各个利益主体都在不停地进行着复杂的利益博弈，表现出一定程度的集群发展的自组织过程，集群发展正是这种动态博弈的结果。每一个利益主体的利益诉求对于集群整体的发展而言都有它的合理性和必要性。因此，地方政府在制定本地包括知识产权保护在内的各项具体措施时，都要充分考虑各利益主体的利益诉求，维护好产业集群内部群落的"生态平衡"，使得集群的各利益主体各得其所（注：具体方法可参考杨建梅"利益协调软系统方法论"②，这

---

① 吴晓波；耿帅. 区域集群自稔性风险成因分析［J］. 经济地理，2003，23（6）：726～730. 朱方文. 基于共享性资源刚性的集群企业风险成因分析［J］. 科学学与科学技术管理，2007（12）：157～161.

② Yang Jian mei，He Zheng. *Thinking about Soft Systems Methodology*. Proc. the Second UK-China-Japan Workshop on Systems Methodology，Hull，UK：The University of Hull，1996. Yang Jian mei，et al. Analysis of Negotiation with SSM. Proc. IEEE SMC，Orlando，1997. 杨建梅. 利益协调软系统方法论［J］. 控制理论与应用，1999，16（1）：52～61.

也是笔者拟后续研究的课题之一）。

（4）知识产权制度的建设分为国家、地方（产业集群）和企业三个层面。国家层面的知识产权制度建设具有宏观的导向意义和普遍的规制作用，属于立法范畴；地方（产业集群）层面的知识产权制度建设属于在国家有关法律框架内的具体措施的制定，对地方产业的发展具有引导作用，措施的制定要结合本地的产业特点和产业发展水平，结合本地产业集群的发展阶段，从方便企业产权登记和产权维护的角度出发，建设好知识产权保护的制度系统和信息平台；企业不是知识产权制度制定的主体，没有制定知识产权制度的权限，企业层面的知识产权制度建设要立足于知识产权的管理方面的内容，建立起与集群相衔接的知识产权管理制度系统和信息平台，便于企业的技术创新和知识产权保护。

6.4　小　结

本章对第 5 章的实证结果进行了分析和讨论，然后对研究结论进行了进一步的理论思考与归纳，最后提出了本研究的实践启示和设想。主要观点有：

（1）企业和产业集群都是由人构成的人类系统，企业组织和产业集群组织的一切决策最终都是由人来做出的，作为创新主体的企业组织，其行为动机也具有类似于个人心理的某些特征，这一结论为我们在处理人类社会系统时提供了用个人心理的微观理论解释人类组织宏观行为的通道和可能性。

（2）创新是企业和产业集群获得竞争力与持续发展的根本动力和源泉，企业创新的重点应在技术创新方面，而集群创新的重点应在集群的组织创新、机制创新和管理创新，加强集群企业之间的协作，提高集群各主体的协同性。

（3）产业集群属于经济复杂系统，观察和研究产业集群需要有系统或网络的观点，关注系统要素之间的协同性和集群整体的涌现性。企业竞争力转化为集群竞争力需要集群企业具有协同性作为条件。

（4）知识产权保护制度无论是对于企业还是对于集群都具有双重性。地方政府在制定本地知识产权保护具体措施时，要在国家有关法律法规的框架内，充分考虑本地的产业特点和产业发展水平，充分考虑本地产业集群的发展阶段，充分考虑本地集群的企业结构组成特点，从而制定适合本地产业实际和集群发展阶段的力度恰当的知识产权保护措施。

（5）产业集群是一个自组织系统，产业集群在外显出很多优势的同时，也隐藏着一些劣势因素，存在着衰退的风险。产业集群的发展过程表现出一定程度的生命周期特征。

（6）产业集群是一个多利益主体的利益协调系统，集群发展是各种利益主体相互动态博弈的结果。地方政府在制定本地包括知识产权保护在内的各项具体措施时，都要充分考虑各利益主体的利益诉求，维护好产业集群内部群落的"生态平衡"。

（7）知识产权制度的建设分为国家、地方（产业集群）和企业三个层面。地方（产业集群）层面的知识产权制度建设要结合本地的产业特点和产业发展水平，结合本地产业集群的发展阶段，从方便企业产权登记和产权维护的角度出发，建设好知识产权保护的制度系统和信息平台；企业层面的知识产权制度建设要立足于知识产权管理方面的内容，建立起与集群相衔接的知识产权管理制度系统和信息平台，便于企业的技术创新和知识产权保护。

第 7 章

结论与展望

本章首先对本书的主要工作及研究结论予以梳理，然后阐述了创新之处及主要贡献，最后指出了不足之处，并对后续研究作了展望。

7.1　主要工作与研究结论

本书的主要工作回顾：第一，做了大量的文献研究工作，对与本书有关的文献作了系统的梳理和述评；第二，做了深入的实际案例调查研究工作，进行了广泛的访谈和数据采集，设计和发放了调查问卷，取得了翔实的调查数据；第三，在理论研究和实际调研的基础上，对调查结果进行了质性分析，提出了 8 个理论命题；第四，在理论研究和实际调研的基础上建立了产业集群技术创新与知识产权保护的概念模型，提出了 10 项理论假设；第五，运用统计方法和结构方程建模方法对样本数据进行了分析，验证了所提假设；第六，对实证结果进行了分析和讨论，得出了本书的研究结论，对研究结论做了进一步的实践对比和理论分析，进行了适当的理论提炼和理论概括，提出了解决问题的一些理论思考和实践设想；最后，对本书的主要研究工作进行了回顾，对主要研究结论进行了归纳，阐述了本书研究的创新之处及主要贡献，并对后续研究作了展望。

本书的主要研究结论：

（1）本书的样本数据支持了如下理论假设：企业技术创新的预期效价对技术创新动力具有显著的正向影响；企业技术创新的预期期望对技术创新动力具有显著的正向影响；知识产权保护制度对企业技术创新动力具有显著的正向影响；知识产权保护制度对企业自主创新行为具有显著的正向影响；企业技术创新动力对企业自主创新行为具有显著的正向影响；企业的自主创新行为对企业竞争力具有显著的正向影响；企业的自主创新行为对集群竞争力具有显著的正向影响；知识产权保护制度对自主创新企业的竞争力产生显著的正向影响；知识产权保护制度对于成熟集群的竞争力具有显著的正向影响；企业竞争力与产业集群竞争力在企业间存在协同性的条件下具有正相关关系。

（2）在对实证结果进行分析讨论和理论思考与归纳之后，提出如下主要观点：第一，企业和产业集群都是由人构成的人类系统，企业组织和产业集群组织的一切决策最终都是由人来做出的，作为创新主体的企业组织，其行为动机也具有类似于个人心理的某些特征，这一结论为我们在处理人类社会系统时提供了一个用个人心理的微观理论解释人类组织宏观行为的通道和可能性。第二，创新是企业和产业集群获得竞争力和持续发展的根本动力与源泉，企业创新的重点应在技术创新方面，而集群创新的重点应在集群的组织创新、机制创新和管理创新，加强集群企业之间的协作，提高集群各主体的协同性。第三，产业集群属于经济复杂系统，观察和研究产业集群需要有系统或网络的观点，关注系统要素之间的协同性和集群整体的涌现性。企业竞争力转化为集群竞争力需要集群企业具有协同性作为条件。第四，知识产权保护制度无论是对于企业还是对于集群都具有双重性。地方政府在制定本地知识产权保护具体措施时，要在国家有关法律法规的框架内，充分考虑本地的产业特点和产业发展水平，充分考虑本地产业集群的发展阶段，充分考虑本地集群的企业结构组成特点，制定适合本地产业实际和集群发展阶段的力度恰当的知识产权保护措施。第五，产业集群是一个自组织系统，产业集群在外显出很多优势的同时，也隐藏着一些劣势因素，存在着衰退的风险。产业集群的发展过程表现出一定程度的生命周期特征。第六，产业集群是一个多利益主体的利益协调系统，集群发展是各种利益主体相互动态博弈的结果。地方政府在制定本地包括知识产权保护在内的各项具体措施时，都要充分考虑各利益主体的利益诉求，维护好产业集群内部群落的"生态平衡"。第七，知识产权制度的建设分为国家、地方（产业集群）和企业三个层面。地方（产业集群）层面的知识产权制度建设要结合本地的产业特点和产业发展水平，结合本地产业集群的发展阶段，从便于企业产权登记和产权维护的角度出发，建设好知识产权保护的制度系统和信息平台；企业层面的知识产权制度建设要立足于知识产权的管理方面的内容，建立起与集群相衔接的知识产权管理制度系统和信息平台，便于企业的技术创新和知识产权保护。

7.2 创新之处及主要贡献

关于技术创新动力的研究，从国内外现有的研究成果来看，从企业角度研究的较多，从产业角度研究的较少；从单个企业角度研究的较多，从产业集群角度研究的较少；定性的理论分析研究比较多，定量的实证研究较少；一般性研究的较多，个案分析的研究较少。关于知识产权保护的研究，国内的研究比国外起步晚，还停留在基础阶段。已有的研究成果显示，研究比较多地集中在法律领域，从管理维度研究的较少；从国家层面研究的较多，从产业、集群和企业层面研究的较少；单独研究知识产权保护的较多，将知识产权保护与技术创新动力联系起来的研究较少。

基于上述研究现状，本书的创新之处归纳如下：

（1）在技术创新的研究上，本书以古镇灯饰产业集群这一个案为立足点，结合灯饰产业的特点，从集群的维度探讨了企业创新与集群创新的动力因素及其关联性，通过访谈和问卷调查获得了实际数据，并对样本数据进行了基于结构方程模型方法的分析，定量地研究了这一问题；在知识产权保护的研究上，本书将知识产权保护与技术创新动力联系起来，探讨了二者之间的互动机制，并在企业和集群的层面探讨如何建立有效的知识产权管理系统和保护平台，为企业的技术创新和集群的升级提供参考。因此，本书在研究视角上有所创新。

（2）以科尔曼的理性选择理论为基础，将建立在"个人—企业"这一层次上的期望动机理论和计划行为理论的结论移植到"企业—集群"这一层次，提出了技术创新和知识产权保护对集群竞争力影响的理论模型。

（3）以古镇灯饰产业集群的样本数据为基础，实证地检验了本研究所提出的理论假设，得出了技术模仿和知识产权保护对于产业集群发展的不同阶段均具有不同作用的结论，为产业集群的相关理论提供了实际案例的支持。

（4）提出了企业组织和产业集群组织等人类系统的行为动机也受其需求"心理"支配的观点，该观点为我们在处理人类社会系统时提供了一个用个体心理的微观理论解释人类组织宏观行为的可能性和通道。

（5）提出了产业集群属于具有自组织特征的经济复杂系统的观点，认为观察和研究产业集群需要有系统观或网络观，要关注系统要素之间的协同性和集群整体的涌现性，企业竞争力转化为集群竞争力需要集群企业具有协同性作为条件。

（6）提出了"产业集群是一个多利益主体的利益协调系统，集群发展是各种利益主体相互动态博弈的结果"的观点，认为地方政府在制定本地包括知识产权保护在内的各项具体措施时，都要充分考虑各利益主体的利益诉求，维护好产业集群内部群落的"生态平衡"。

7.3 研究局限及研究展望

由于时间、资源和能力所限，本研究还存在着许多不足，需要后续研究的进一步跟进。下面将研究局限及研究展望一并叙述。

（1）古镇灯饰产业集群发展至今，其规模已不再局限于行政地理区域，目前产业已延伸到周围九个镇区，企业总数高达 15 000 家左右。由于本书研究问卷的发放主要是通过古镇商会、古镇政府相关部门及华艺集团等古镇当地机构的协助，因此样本主要来源于在古镇登记注册的 6 500 家灯饰企业。虽然这6 500多家企业代表着古镇灯饰产业集群的主体，基本能够反映古镇灯饰集群的全貌，具有一定的代表性，但是样本总体的全面性毕竟还是存在缺憾。古镇灯饰产业集群的典型性和代表性使得它颇具样本意义，值得进一步深入研究，数据样本的拓展是后续研究的方向之一。

（2）由于本书的研究设计就是立足于对古镇灯饰产业集群的个案研究，所以，数据来源仅为古镇灯饰产业集群，缺乏横向比较数据的印证。因此，研究结论仅是针对古镇灯饰产业集群的，结论的一般性还有待于进一步的研究证实。横向比较研究也是后续的一个研究方向。

（3）本书所提出的利用"利益协调软系统方法论"来协调产业集群各利益主体之间的利益诉求，建立符合集群各主体利益的柔性制度体系，维护产业集群内部群落的"生态平衡"的设想，目前还只是停留在概念上，还有待于设立专题进行进一步的研究。

（4）古镇灯饰产业集群的知识产权保护制度体系和信息平台已在建设之中，企业自身的知识产权管理信息系统才刚刚起步，大多数企业还是一片空白。本书的设想也是停留在概念层面，需要进一步的互动研究。

附　录

附录1　中山古镇灯饰产业集群调研提纲

一、调研目的

考察集群的形成和成长历史，了解在集群成长过程中影响集群发展的主要因素；了解集群技术创新及其扩散途径和过程；了解影响技术创新动力和行为的关键因素以及集群技术创新对集群竞争力的影响；了解集群知识产权保护的情况和途径，了解集群知识产权保护对企业技术创新、企业竞争力以及集群竞争力的影响等。

二、调研对象

古镇灯饰产业集群。如果条件允许，拟访谈以下机构或企业的相关负责人：①行业协会；②代表性企业，在技术创新、国内外市场开拓方面有特色的中小型企业，发展势头良好的小型企业；③行业内技术服务机构；④其他相关人员，包括熟悉行业发展历史的关键人物。

三、调研内容

（一）集群整体情况（侧重于技术创新与知识产权保护方面）

访谈熟悉地区和行业发展的协会和企业负责人，收集文字性资料。具体内容包括：

（1）集群的地理位置、区位特点、大概面积、现有规模，包括企业数量及年度变化数据、就业人员数量及构成；

（2）集群的主要成长过程，包括产品产量、市场占有率、利润率及出口量等主要指标的增长情况；

（3）灯饰产业的行业特点，主营产品技术特点以及目标市场，技术创新扩散情况；

（4）集群内技术创新情况以及知识产权保护情况；

（5）企业主要的组织形式和管理模式有无共性，是怎样形成的；

（6）政府在集群成长过程中所进行的主要投入，包括资金、土地、政策等各方面；

（7）行业协会及业内技术服务机构与企业的关系及服务形式，如形成过程、会员情况、开展的主要活动、活动收效、未来发展规划；

（8）影响集群成长的关键性事件。

（二）实地参观和考察（侧重企业层面的具体情况）

参观不同类型和规模的典型企业，访谈典型企业主；若有可能，参观访谈行业内技术服务机构。具体考察以下几个方面的问题：

（1）技术来源：OEM 还是已自有品牌，企业自身在产品设计、工艺流程、设备改进等方面所作的关键性创新，企业的创新技术来源有哪些？

（2）技术扩散方式和渠道：通过什么方式和渠道获得创新技术的相关信息？是什么因素促使企业最终采用新技术？

（3）市场进入：企业产品的主要目标市场，企业最初通过哪些渠道（比如批发、各种零售商、本地或外地贸易公司、联合营销、专业化营销队伍等）进入这些市场，采用了哪些营销手段，是否得益于本地集群所带来的商业声誉等。

（4）技术创新：企业是否设立有专门的技术研发部门？产品技术的主要来源渠道怎样？企业有无申请版权、专利和商标保护？

（5）企业间是否存在争夺人才、市场等恶性竞争活动，以及这些活动对企业和集群的影响。

（6）外部制度环境：不同层面的制度（主要包括集群、地区和国家三个层面）环境对企业发展起到了哪些影响，包括法律、融资、土地使用、贸易政策及技术支持等方面。

（7）行业内技术服务机构：形成过程，客户情况，提供主要的服务，政府作用等，是否参与本地协会组织的活动（活动名称、活动收获、制度原因等）。

附录 2　中山古镇灯饰产业集群访谈提纲

1. 访谈古镇政府相关部门及行业协会的问题

（1）请您介绍一下古镇灯饰产业的发展情况以及该产业的技术水平和行业特点。

（2）目前古镇产业集群发展中面临的最为突出的问题是什么？

（3）对于古镇灯饰产业集群的发展，目前您最关心的问题是什么？（追问：为什么你们最关心集群产业的知识产权保护问题？）

（4）您认为古镇灯饰产业集群未来产业发展的方向是什么？

（5）古镇成立灯饰产业知识产权快速维权中心的背景是什么？该中心的知识产权保护有哪些途径？

（6）古镇灯饰产业集群企业的技术创新情况如何？创新动力受哪些主要因素的影响？

2. 访谈古镇灯饰产业集群企业的问题

（1）请您介绍一下贵企业近年来的发展情况。与本地同行企业相比，贵企业发展是否更为顺利？优势（或差距）在哪里？

（2）请问目前集群企业普遍关心的问题是什么？

（3）请问贵企业是否有专利、版权或商标权的知识产权登记？

（4）请问贵企业产品生产的主要技术来源有哪些途径？

（5）请问影响企业技术创新动力的因素有哪些？

（6）您认为目前集群对于知识产权的保护力度如何？对贵企业是否有利？

（7）请问您对集群企业间技术的模仿抄袭如何评价？目前集群内这种现象存在吗？程度如何？

（8）您认为企业竞争力的评价标准是什么？集群竞争力呢？

附录3 "古镇灯饰产业集群技术创新与知识产权保护有关情况" 调查问卷

尊敬的先生/女士：

您好！本问卷是华南理工大学工商管理学院进行的一项研究，旨在调查古镇灯饰产业集群技术创新和知识产权保护对集群成长与升级影响的有关情况。本问卷不记名，仅供研究之用，不作任何商业用途，您的回答也将完全保密。恳请您能抽出宝贵时间，尽可能客观地帮助填写这份问卷。本项研究的结果或许能为贵企业或集群的发展提供参考，如果需要，请在此问卷末尾提供有效的联系方式，我们愿意将研究结果提供给您。您的作答将对我们的研究非常有价值，非常感谢您的合作与帮助！

祝您事业通达，企业蒸蒸日上！

一、企业基本情况

请您就以下问题对照贵企业实际情况直接在相应的地方画√。

1. 贵企业成立（或迁入）年限：_____年　2. 贵企业主营业务：_____

3. 贵企业主要是一家

□原材料供应商　　　□零部件生产商　　　□成品生产商

□经销商或代理商　　□其他

4. 贵企业目前有员工人数

□10 及以下　　　□11 ~ 50　　　□51 ~ 200　　　□201 ~ 500

□501 ~ 1 000　　□1 001 ~ 3 000　　□3 000 以上

5. 贵企业规模（资产）

□500 万以下　　　□500 万 ~ 1 000 万　　□1 000 万 ~ 5 000 万

□5 000 万 ~ 1 亿　□1 亿 ~ 10 亿　　　　□10 亿以上

6. 贵企业年产值规模

□100 万以下　　　□100 万 ~ 500 万　　　□500 万 ~ 1 000 万

□1 000 万 ~ 5 000 万　□5 000 万 ~ 1 亿　　□1 亿以上

7. 贵企业是否设立有研发部门或职位

□设有专门的研发部门　　　　　　　□设有专门的研发职位

□设有兼职的研发职位　　　　　　　□没有设立研发职位

8. 贵企业是否设立有知识产权管理部门或职位

□设有专门的管理部门 　　　　　　□设有专门的管理职位

□设有兼职的管理职位 　　　　　　□没有设立管理职位

二. 问卷基本内容

填写说明：以下是关于集群技术创新、技术扩散、企业竞争力、集群竞争力以及知识产权保护等情况的描述。每个问题都有 5 个备选答案，分别用 1、2、3、4、5 表示，各数字指代意义如下：

1—完全不同意　2—不同意　3—不确定　4—同意　5—完全同意

请在您选择的答案数字上画√。

项目描述	回答选项				
技术创新预期效价 ξ_1					
1. 成功开发新产品会扩大贵企业未来的产品市场	1	2	3	4	5
2. 成功开发新产品会增加贵企业未来的利润收益	1	2	3	4	5
3. 成功开发新产品会增加贵企业未来的知识产权收益	1	2	3	4	5
4. 成功开发新产品会减缓贵企业目前的竞争压力	1	2	3	4	5
5. 成功开发新产品会扩大贵企业未来的竞争优势	1	2	3	4	5
6. 技术创新会不断提高贵企业的品牌知名度	1	2	3	4	5
技术创新预期期望 ξ_2					
1. 贵企业具有较好的产品创新开发的技术基础	1	2	3	4	5
2. 贵企业具有较为充足的技术创新人才储备	1	2	3	4	5
3. 贵企业具有较为充足的技术创新资金支持	1	2	3	4	5
4. 贵企业具有新产品创新开发的成功经验	1	2	3	4	5
5. 贵企业高层主管对技术创新的成功具有较大的信心	1	2	3	4	5
6. 贵企业新产品开发能够得到来自集群的技术协助	1	2	3	4	5
7. 政府对于创新企业会提供技术支持和资金补贴	1	2	3	4	5
知识产权保护 ξ_3					
1. 地方政府和行业协会开展了系列知识产权保护的宣传和教育活动	1	2	3	4	5
2. 地方政府和行业协会出台了知识产权保护的相关制度和措施	1	2	3	4	5
3. 集群拥有专门的知识产权管理人才	1	2	3	4	5

（续上表）

项目描述	回答选项				
4. 集群建立了较为便捷的知识产权管理信息平台	1	2	3	4	5
5. 集群内企业知识产权登记方便快捷	1	2	3	4	5
6. 贵企业设立了专门的知识产权管理部门或职位	1	2	3	4	5
7. 贵企业拥有版权或专利权或商标权登记	1	2	3	4	5
企业技术创新动力 ξ_1					
1. 贵企业制定了新产品开发计划	1	2	3	4	5
2. 贵企业设立了专门的技术研发部门或职位	1	2	3	4	5
3. 贵企业与高校或其他研发机构建立了合作关系	1	2	3	4	5
4. 贵企业制定了技术人员的学习培训和交流计划	1	2	3	4	5
5. 贵企业建立了技术创新的奖励制度	1	2	3	4	5
6. 贵企业为技术研发创新投入了一定的资金	1	2	3	4	5
7. 贵企业高层主管有强烈的技术创新意愿	1	2	3	4	5
企业自主创新行为 ξ_2					
1. 贵企业产品技术主要依靠自主研发设计	1	2	3	4	5
2. 贵企业目前正在开展若干新产品研发项目	1	2	3	4	5
3. 贵企业与其他研发机构进行过或正在进行相关产品合作开发	1	2	3	4	5
4. 贵企业经常会有技术引进行为	1	2	3	4	5
5. 贵企业不时会有创新产品投放市场	1	2	3	4	5
集群内企业竞争能力 ξ_3					
1. 贵企业人均产值较其他同类企业高	1	2	3	4	5
2. 贵企业研发投入较其他规模相近的同类企业高	1	2	3	4	5
3. 贵企业版权或专利权拥有数量较其他规模相近的同类企业多	1	2	3	4	5
4. 贵企业产品市场占有率较其他规模相近的同类企业高	1	2	3	4	5
5. 贵企业顾客满意度较其他同类企业高	1	2	3	4	5
6. 贵企业的企业品牌和产品品牌有较高的知名度	1	2	3	4	5

（续上表）

项目描述	回答选项				
集群竞争能力 ξ_4					
1. 集群产品销售地区分布较广	1	2	3	4	5
2. 集群产品具有价格竞争优势	1	2	3	4	5
3. 集群产品具有质量竞争优势	1	2	3	4	5
4. 集群整体技术创新能力较强	1	2	3	4	5
5. 集群产品销售模式灵活有效	1	2	3	4	5
6. 集群内原材料、配件企业及服务企业较为完备	1	2	3	4	5
7. "中国灯饰之都"的集群品牌对集群内企业发展有利	1	2	3	4	5
8. 集群内著名品牌产品、企业、商标较同业其他集群多	1	2	3	4	5
其他					
灯饰产业技术水平					
1. 灯饰产业的主要技术在于外观设计	1	2	3	4	5
2. 灯饰产业技术含量不高	1	2	3	4	5
3. 灯饰产业技术模仿很容易	1	2	3	4	5
技术溢出形式及影响					
1 集群成长早期，群内技术模仿很普遍	1	2	3	4	5
2 集群现阶段，群内技术模仿比较少见	1	2	3	4	5
3. 集群形成初期，技术模仿对产业集聚和集群形成具有积极意义	1	2	3	4	5
4. 集群成长现阶段，技术模仿对集群发展升级具有负面意义	1	2	3	4	5
知识产权保护力度及影响					
1. 目前集群知识产权保护力度适当	1	2	3	4	5
2. 目前集群知识产权保护状况对贵企业是有利的	1	2	3	4	5
3. 目前集群知识产权保护状况对集群整体是有利的	1	2	3	4	5
4. 集群内知识产权保护力度越大越有利于企业发展和集群升级	1	2	3	4	5

三、请附上您的个人信息

1. 本人是企业的

□ 所有者之一   □ 非业主的高层管理人员

□ 中层管理人员   □ 其他

2. 本人在企业的工作年限为

□ 1 年以下   □ 1 ~ 5 年

□ 5 ~ 10 年   □ 10 年以上

本问卷到此结束，再次感谢您的积极合作！

如果您对我们的研究感兴趣，您可以留下自己的联系方式和意见，我们会将本课题的研究结论反馈给您。

您的 E – mail：＿＿＿＿＿＿ 或 QQ：＿＿＿＿＿＿ 或 Tel：＿＿＿＿＿

参考文献

［1］［美］迈克尔·波特. 竞争论［M］. 高登第，李明轩译. 北京：中信出版社，2003.

［2］Saxenian A. *Regional Advantage*：*Culture and Competition in Silicon Valley and Route*128［M］. Cambridge：Harvard University Press，1994.

［3］［美］迈克尔·波特. 国家竞争优势［M］. 李明轩，邱如美译. 北京：华夏出版社，2002.

［4］Porter M. *The Competitive Advantage of Nations*［M］. London：Macmillan，1990.

［5］［英］马歇尔. 经济学原理（上卷）［M］. 陈良璧译. 北京：华夏出版社，2005.

［6］仇保兴. 小企业集群研究［M］. 上海：复旦大学出版社，1999.

［7］张辉. 全球价值链下地方产业集群转型和升级［M］. 北京：经济科学出版社，2006.

［8］Rabellotti. External Economies and Cooperation in Industrial Districts：a Comparison of Italy and Mexico［D］. Brighton：University of Sussex，1995.

［9］Porter M. E. Clusters and the New Economics of Competition［J］. *Harvard Business Review*，1998.

［10］Rosenfeld. Bringing Business Clusters into the Mainstream of Economic Development［J］. *European Planning Studies*，1997（1）.

［11］Markusen A. Sticky Places in Slippery Space：a Typology of Industrial Districts［J］. *Economic Geography*，1996，72（3）：293－313.

［12］［英］亚当·斯密. 国民财富的性质和原因的研究［M］. 郭大力，王亚南译. 北京：商务印书馆，1981.

［13］［德］阿尔弗雷德·韦伯. 工业区位论. 李刚剑等译. 北京：商务印书馆，2010.

［14］［法］佩鲁. 发展新概念［M］. 郭春林等译. 北京：社会科学文献出版社，1988.

［15］［法］奥利弗·E. 威廉姆森. 反托拉斯经济学——兼并、协约和策略

行为 [M]. 张群群, 黄涛译. 北京: 经济科学出版社, 1999.

[16] [美] 迈克尔·波特. 竞争战略 [M]. 陈小悦译. 北京: 华夏出版社, 2005.

[17] Keeble D. Wilkinson F. *High-technology Clusters, Networking and Collective Learning in Europe* [M]. Aldershot: Ashgate Published Limited, 2000.

[18] 蔡宁, 吴结兵, 殷鸣. 产业集群复杂网络的结构与功能分析 [J]. 经济地理, 2006, 26 (3): 378~382.

[19] Erdös P, Rényi A. On Random Graphs [J]. *Publications Mathematicas*, 1959 (6): 290–297.

[20] Erdös P, Rényi A. On the Evolution of Random Graphs [J]. *Publications of the Mathematical Institute of the Hungarian Academy of Science*, 1960 (5): 17–61.

[21] Couzin I. Collective Minds [J]. *Nature*, 2007, 445: 715.

[22] Zhou T, Fu Z Q, Wang B H. Epidemic Dynamics on Complex Networks [J]. *Progress of Natural Science*, 2006 (5): 452–457.

[23] Palla G., Barabasi A L., Vicsek T. Quantifying Social Group Evolution [J]. *Nature*, 2007, 446: 664–667.

[24] [美] 卡斯蒂. 虚实世界: 计算机仿真如何改变科学的疆域 [M]. 王千祥, 权利宁译. 上海: 上海科技教育出版社, 1998.

[25] [美] 熊彼特. 经济发展理论 [M]. 孔伟艳, 朱攀峰, 娄季芳译. 北京: 北京出版社, 2008.

[26] [美] 道格拉斯·诺斯. 制度、制度变迁与经济绩效 [M]. 刘守英译. 上海: 上海三联书店, 1994.

[27] [美] 道格拉斯. 诺思. 西方世界的兴起 [M]. 厉以平, 蔡磊译. 北京: 华夏出版社, 1999.

[28] Asheim T. Industrial Districts: The Contributions of Marshall and Beyond [M]. In: Clark G. L., Feldman M., Gertler M., eds. *The Oxford Handbook of Economic Geography*, Oxford: Oxford University Press, 2000, 413–431.

[29] [美] 曼斯菲尔德. 微观经济学——理论与应用 [M]. 钱国荣等译. 北京: 中国金融出版社, 1992.

[30] J. Schmookler. *Invention and Economic Growth* [M]. Cambridge: Harvard University Press, 1966.

[31] Kevin, Zheng Zhou, ChiKin Yim, et al. The Effects of Strategic Orientations on Technology and Market-based Break through Innovations [J]. *Academy of Management Review*, 2005, (9).

［32］Melinda Smale. Cultural Endowments, Institutional Renovation and Technical Innovation ［J］. *Economic Development Center*, 2003.

［33］Geert Duysters. The Dynamics of Technical Innovation ［J］. *The Evolution and Development of Information Technology*, 2003, （1）.

［34］Rogers E. M. *Diffusion of innovations* ［M］. 4th edition. New York: The Free Press, 1995.

［35］Granovetter, M. Ignorance, Knowledge and Outcomes in a Small World ［J］. *Science*, 2003, 301: 773 – 774.

［36］Rogers E. M. Diffusion of Preventive Innovations ［J］. *Addictive Behaviors*, 2002, 27: 989 – 993.

［37］Bass F. A New Product Growth Model for Consumer Durables ［J］. *Management Science*, 1969, 15 (5): 215 – 227.

［38］Fourt L. A. , Woodlock J. W. Early Prediction of Market Success for Grocery Products ［J］. *Journal of Marketing*, 1960, 25 (2): 31 – 38.

［39］Mansfield E. Technical Change and the Rate of Imitation ［J］. *Econometrica*, 1961, 29 (4): 741 – 766.

［40］Lee M. Cho Y. The Diffusion of Mobile Telecommunications Services in Korea ［J］. *Applied Economics Letters*, 2007, 14 (7): 477 – 481.

［41］Bass F. M. , Krishnan T. V. Jain D. C. Why the Bass Model Fits without Decision Variables ［J］. *Marketing Science*, 1994, 13 (3): 203 – 223.

［42］Hsiao J. P. H. , Jaw C. , Tzung – Cheng Huan. Informaiton Diffusion and New Product Consumption: a Bass Model Application to Tourism Facility Management ［J］. *Business Research*, 2009, 62: 690 – 697.

［43］Bass F. M. Comments on "A New Product Growth for Model Consumer Durables" ［J］. *Management Science*, 2004 (12): 1825 – 1832.

［44］官建成，张西武．创新扩散模型的研究进展与展望（上、下）［J］. 科学学与科学技术管理，1995，16 (12)：14 ~ 18/1996，17 (1)：45 ~ 49.

［45］Kalish S. A New Product Adoption Model with Price, Advertising and Uncertainty ［J］. *Management Science*, 1985, 31 (12): 1569 – 1585.

［46］John A. Norton, Frank M. Bass. A Diffusion Theory Model of Adoption and Substitution for Successive Generations of High Technology Products ［J］. *Management Science*, 1987 , 33 (9): 1069 – 1086.

［47］杨国忠，柴茂．基于改进 Bass 模型的多元技术创新扩散研究 ［J］. 经济数学，2011 (3)：89 ~ 93.

［48］　Hethcote H. W. The Mathematics of Infectious Diseases ［J］. *SIAM Review*, 2000, 42 (4): 599 – 653.

［49］　Dodds P. S., Watts D. J., Sabel C. F. Information Exchange and the Robustness of Organizational Networks ［J］. Proc. *Natl. Acad. Sci.* USA, 2003, 100 (21): 12516 – 12521.

［50］　万阳松. 银行间市场风险传染机制与免疫策略研究 ［D］. 上海交通大学博士学位论文, 2007.

［51］　段文奇. 网络市场环境下的新产品协同扩散研究 ［D］. 上海交通大学博士学位论文, 2006.

［52］　李光正, 史定华. 复杂网络上 SIRS 类疾病传播行为分析 ［J］. 自然科学进展, 2006 (4): 508 ~ 512.

［53］　Yang J M, Wang W J, Chen G R. A two – level Complex Network Model and its Application ［J］. *Physica A*, 2009, 388: 2435 – 2449.

［54］　Yang J M, Lu L P, Xie W D, et al. On Competitive Relationship Networks: a New Method for Industrial Competition Analysis ［J］. *Physica A*, 2007, 382: 704 – 714.

［55］　Jianmei Yang, Canzhong Yao, Weicheng Ma, et al. A Study of the Spreading Scheme for Viral Marketing Based on a Complex Network Model ［J］. *Physica A*, 2010, 389 (4): 859 – 870.

［56］　李敏, 杨建梅, 欧瑞秋. Bass 模型在无缝技术扩散中的应用及新发现 ［J］. 科技管理研究, 2007 (7): 33 ~ 36.

［57］　Jackson M. O., Rogers B. W. Relating Network Structure to Diffusion Properties through Stochastic Dominance ［J］. *Advances in Theoretical Economics*, 2007, 7 (1): 1 – 13.

［58］　赵正龙. 基于复杂社会网络的创新扩散模型研究 ［D］. 上海交通大学博士学位论文, 2008

［59］　郑成思. 知识产权与国际贸易 ［M］. 北京: 人民出版社, 1995.

［60］　朱雪忠. 知识产权协调保护战略 ［M］. 北京: 知识产权出版社, 2005.

［61］　刘仁豪, 张学全, 姜启安. 区域知识产权战略 ［M］. 北京: 知识产权出版社, 2005.

［62］　［美］道格拉斯·C. 诺思. 经济史中的结构与变迁 ［M］. 陈郁, 罗华平等译. 上海: 上海三联书店, 1991.

［63］　［美］迈克尔·赫勒. 困局经济学 ［M］. 闫佳译. 北京: 机械工业出

版社，2009.

[64]［美］理查德·A. 波斯纳. 法律的经济分析（上）［M］. 蒋兆康译. 北京：中国大百科全书出版社，1997.

[65]［美］亚伯拉罕·马斯洛. 动机与人格［M］. 许金声译. 北京：中国人民大学出版社，2007.

[66] Victor H. Vroom. *Work and Motivation* ［M］. Rev. ed. Hoboken：Jossey-Bass Classics，1995.

[67] 金碚. 竞争力经济学［M］. 广州：广东经济出版社，2003.

[68] 裴长洪. 经济全球化与当代国际贸易［M］. 北京：社会科学文献出版社，2007.

[69] 金碚. 企业竞争力测评的理论与方法［J］. 中国工业经济，2003（3）：5～13.

[70] 颜士梅，王重鸣. 并购式内创业中人力资源整合水平的选择：一个实证研究［J］. 管理世界，2005（9）：107～118.

[71]［英］巴顿. 城市经济学：理论与政策［M］. 上海社会科学院部门经济研究所城市经济研究室译. 北京：商务印书馆，1984.

[72] 申兆光，邝国良. 广东中山古镇灯饰产业集群模式研究［J］. 改革与战略，2007，23（7）：109～111.

[73] 张积家. 普通心理学［M］. 广州：广东高等教育出版社，2004.

[74] 王重鸣. 心理学研究方法［M］. 北京：人民教育出版社，1990.

[75] 郭志刚. 社会统计分析方法——SPSS 软件应用［M］. 北京：中国人民大学出版社，1995.

[76] 侯杰泰，温忠麟，成子娟. 结构方程模型及其应用［M］. 北京：教育科学出版社，2004.

[77] 温忠麟，侯杰泰，马什赫伯特. 结构方程模型检验：拟合指数与卡方准则［J］. 心理学报，2004，36（2）：186～194.

[78] 金喻. 心理测量［M］. 上海：华东师范大学出版社，2001.

[79] 陈晓萍，徐淑英，樊景立. 组织与管理研究的实证方法［M］. 北京：北京大学出版社，2008.

[80] Rosenberg，Nathan. Why Technology Forecasts Often Fail ［J］. *The Futurist*，1995（7）：16－21.

[81] 杨皎平. 产业集群特性要素对技术创新的影响研究［D］. 辽宁工程技术大学博士学位论文，2010.

[82] Ticky G. *Clusters：Less Dispensable and More Risky than Ever Clusters and*

Regional Specialisation［M］. London：Pion Limited，1998.

［83］Yang Jianmei，He Zheng. *Thinking about Soft Systems Methodology*. Proc. the Second UK－China－Japan Workshop on Systems Methodology，Hull，UK：The University of Hull，1996.

［84］Yang Jianmei，et al. Analysis of Negotiation with SSM. Proc. IEEE SMC，Orlando，1997.

［85］杨建梅，郭毅怡. 广东古镇灯具企业集群的竞争研究［J］. 数量经济技术经济研究，2004（1）：149～154.

［86］杨建梅. 利益协调软系统方法论［J］. 控制理论与应用，1999，16（1）：52～61.

［87］杨宇帆. 产业集群与区域品牌：古镇灯饰集群研究［M］. 广州：广东人民出版社，2010.

［88］刘禹宏，蔡志强，王威. 技术创新与产业集群发展研究［M］. 北京：经济管理出版社，2010.

［89］吉敏. 技术创新、网络演化与产业集群升级［M］. 北京：科学出版社，2013.

［90］李大庆. 产业集群中小制造企业技术创新管理研究［M］. 北京：知识产权出版社，2013.

［91］周寄中，赵远亮，叶治明. 技术创新与知识产权联动［M］. 北京：科学出版社，2009.

［92］林承亮. 技术外部性与产业集群转型创新［M］. 杭州：浙江大学出版社，2014.

［93］华鹰. 企业技术创新与知识产权战略［M］. 北京：科学出版社，2013.